교과서 인물로 배우는 우리 역사

LIVE
한국사 | 1권

선사 시대와 고조선

천재교육

글 윤상석

성균관대학교 생물학과를 졸업하고 두산동아 편집부에서 근무하다 현재는 프리랜서 작가로 활동 중입니다. 주요 작품으로는 〈앗, 이럴수가! 과학특급체험〉, 〈만화 경제기사 따라잡기〉, 〈Why? 화폐와 경제〉, 〈Why? 캐나다〉, 〈외우지 않고 통으로 이해하는 만화 통세계사〉 등이 있습니다.

그림 김기수

어린이들이 흥미롭고 즐겁게 배우고 꿈을 키울 수 있는 만화를 그리고 있습니다. 주요 작품으로는 〈마법천자문 부수마법편〉, 〈마법천자문 영문법원정대〉, 〈만화로 보는 탈무드〉, 〈SCIENCE UP! 지진과 화산〉 등이 있습니다.

학습·감수 이지은

서울대학교 사범대학 역사교육과를 졸업하였습니다. 현재 서울시 강남구 도곡동 숙명여자중학교에 근무하고 있습니다. EBS 중학 역사 교재 다수를 검토하였으며, 2016년 고입 내신산출평가 출제위원을 지냈습니다.

LIVE 한국사 ①선사 시대·고조선 〈선사 시대와 고조선〉

발행 | 2016년 2월 1일 초판 **인쇄** | 2023년 2월 27일 9쇄
발행처 | (주)천재교육
글 | 윤상석 **그림** | 김기수 **학습·감수** | 이지은
표지 그림 | 윤재홍 **표지 디자인** | 양x호랭
편집 | 이복선, 안흥식, 박세경, 이미순, 김지영, 김수지
마케팅 | 김철우 **제작** | 황성진
사진제공 | **표지** 국립중앙박물관, 문화재청
본문 국립중앙박물관, 문화재청, 연합뉴스, 유로크레온, 굿이미지, 삼성미술관 리움, 국립문화재연구소
신고번호 | 제2001-000018호(1980.5.28)
팩스 | 02-3282-1717 **고객만족센터** | 1577-0902
주소 | 08513 서울특별시 금천구 가산로9길 54
홈페이지 | www.chunjae.co.kr

ISBN 979-11-259-1337-5 74910
ISBN 979-11-259-1336-8 74910 (세트)

이 책은 저작권법에 보호받는 저작물이므로 무단복제, 전송은 법으로 금지되어 있습니다.

추천의 글

　우리가 역사 공부를 하는 이유는 우리 사회의 여러 문제를 해결하기 위한 지혜를 얻기 위해서입니다. 한국사는 우리 삶과 문화의 뿌리이기 때문입니다. 지구촌 시대에 이러한 소속감의 중요성은 그 어느 때보다도 강조되고 있습니다. 하지만 이런 소속감은 하루아침에 생기지 않습니다. 조금씩이라도 어릴 때부터 흥미를 가지고 역사 속 이야기들에 귀를 기울이면서 생각해 보는 경험이 필요합니다.
　<LIVE 한국사>는 이런 목적에 맞게 잘 만들어진 책입니다. 무엇보다 쉽고 재미있으면서도 내용이 충실합니다. 최신의 연구 성과를 반영하고 균형감 있는 관점에 따라 잘 정리해 놓았습니다. 이 책을 읽는 초등학생들이 건전한 민주 시민으로 자라나게 될 것을 기대해 봅니다.

서울대 국사학과 교수
허수

이 책의 특징

1 인물 중심 역사!

인물과 관련된 사건의 원인과 과정, 결과를 만화 속에 녹여 독자의 이해를 돕습니다.

2 톡톡 튀는 정보!

만화 사이에 문화재 사진과 학습팁을 삽입, 놓치기 쉬운 학습 정보를 보충합니다.

꼭 읽고 만화를 보도록 해!

톡톡! 역사

신라에서 발견된 고구려의 유물은?

신라에서 발견된 고구려의 대표적인 유물로는 호우명 그릇과 적석총 등이 있다. 호우명 그릇은 경상북도 경주의 호우총에서 발견된 것으로, 그릇 밑받침에 새겨진 '을묘년국강상광개토지호태왕호우십'이라는 글귀는 이 그릇이 고구려의 공예품이라는 것을 알 수 있게 해 준다. 또 다른 유물인 적석총은 고구려의 전통적인 무덤 양식인데, 신라 땅이었던 울산 은현리에서 이러한 적석총이 발견되었다는 것은 신라가 고구려의 영향을 받았다는 것을 보여 주는 중요한 역사 자료이다.

▲ 호우명 그릇

▲ 은현리 적석총

3 충실한 자료!

만화 속 배경, 복식, 나이 등을 실제 사료를 참고하여 충실히 구현했습니다.

최신 발굴 유적과 유물 사진, 교과서에서 자주 나오는 지도를 담았습니다.

발해 보루와 바리 토기는 2015년에 발굴되었어!

▲ 고구려 집안현 개마무사 모사도
ⓒ 국립중앙박물관

▲ 만화 속에 반영된 고구려 개마무사

▲ 연해주 발해 보루터
ⓒ 국립문화재연구소

▲ 연해주 발해 말갈층 바리 토기 ⓒ 국립문화재연구소

▲ 교과서 속 지도

④ 한눈에 보는 역사!

만화에서 동아시아의 역사를 함께 보여 주고 핵심 노트에서 한국사와 동시대의 세계사를 요약, 정리했습니다.

고구려와 남북조의 관계를 묘사했어!

⑤ 드론 & 박물관 생생 역사 체험!

스마트폰으로 QR코드를 찍으면 해당 문화재가 있는 박물관 및 직접 촬영한 드론 동영상 등을 생생하게 체험할 수 있습니다.

⑥ 부록 역사 카드!

스마트폰으로 역사 카드 뒷면의 QR코드를 찍어 앱을 다운받으면 3D 증강 현실과 애니메이션으로 역사 속 인물을 만나 볼 수 있습니다.

★ 멀티 영상 감상 방법!

① 스마트폰으로 QR코드를 찍어 〈LIVE 한국사〉 앱을 설치한 후 각 권을 다운받습니다.
② 카드 앞면의 이미지를 앱에 비추고 해당 권의 애니메이션을 선택하여 감상합니다.
③ 카드 한 장은 스페셜 카드로, 증강 현실과 3D 애니메이션을 감상할 수 있습니다.

등장인물 소개

누리
> 역사 지식은 누구도 날 따라오지 못할걸?

평소 역사에 관심이 많아 단짝 아라와 함께 경복궁으로 견학을 갔다가 덜렁대는 아라 덕분에 환상적인 역사 여행을 하게 된다.

아라
> 내 마음대로 역사 속 인물이 될 수 있다면 아리따운 공주가 되겠어!

용감하고 나서기 좋아하는 여장부이지만 미남 앞에서는 매우 수줍어한다. 평소 부하라고 여기는 누리와 환상적인 역사 여행을 하게 된다.

보주
> 우리 민족의 역사의식을 담은 결정체, 보물 구슬이야!

한민족의 역사의식을 담고 있는 보물 구슬로, 언제 어디서 생겨났는지는 아무도 모른다. 아라의 실수 때문에 20조각으로 부서져 과거로 사라졌다.

깨비
> 역사의식을 알아야 보주의 조각을 찾을 수 있어.

천 년 묵은 도깨비로, 장난기가 심하다. 하지만 정이 많아 아라와 누리가 위험할 때마다 구해 준다.

홍수아이
> 난 우리나라 구석기 시대의 첫 인류 화석으로 발굴된 아이야.

충청북도 두루봉 동굴 유적에서 발굴된 우리나라 구석기 시대의 사람 뼈. 4~6살쯤 되는 남자아이로 추정된다. 무덤에서는 구석기 시대의 장례 풍습을 알 수 있다.

단군왕검

> 널리 세상을 이롭게 하리라.

환웅과 웅녀 사이에서 태어난 고조선의 시조. 기원전 2333년에 아사달에 도읍을 정하고, 홍익 인간의 이념을 받들어 우리 민족 최초의 나라 고조선을 세웠다.

위만

"비록 준왕을 몰아냈지만 고조선을 평화롭게 다스렸어."

(재위 기원전194~알 수 없음)
중국 연나라 사람. 자신을 따르는 1천여 명을 데리고 고조선으로 넘어와, 준왕을 몰아내고 고조선의 왕이 되었다.

주몽

"고구려를 탄생시킨 시조이자 동명성왕이라고 불리지."

(재위 기원전37~기원전19년)
하늘신의 아들 해모수와 물의 신 하백의 딸 유화 부인 사이에서 알로 태어났다. 부여를 떠나 남쪽의 졸본 지방으로 내려와 고구려를 세웠다.

온조

"고구려에서 내려와 백제를 세웠지."

(재위 기원전18~기원후28년)
주몽의 아들. 의붓형 유리에 밀려 고구려를 이어받지 못하고 형 비류와 함께 남쪽으로 내려와 각각 나라를 세웠다. 형 비류의 땅은 사람이 살기 어려워져 온조의 나라에 합쳐졌다.

박혁거세

"나는 어질기로 유명한 신라 최초의 왕이요!"

(재위 기원전57~기원후4년)
알에서 태어난 신라 최초의 왕이다. 태어났을 때 해와 달이 밝게 떠서 '밝게 세상을 다스릴 사람'이라는 뜻의 '혁거세'로 불렸다.

수로왕

"나는 '김해 김'씨의 시조!"

(재위 42~199년)
황금색 알 여섯 개 중 가장 먼저 깨어났다. 처음 나타났다는 의미로 이름이 '수로'가 되었다. 금관가야의 왕.

차례

들어가는 이야기 ·············· 10

1장 흥수아이는 어떻게 살았을까? ·········· 20
　　　한국사·세계사 핵심 노트 ······· 48

2장 단군왕검은 실제로 있었을까? ············ 52
　　　한국사·세계사 핵심 노트 ······· 76

**3장 위만은 왜
　　　고조선으로 왔을까?** ················ 80
　　　한국사·세계사 핵심 노트 ······· 110

**4장 주몽과 온조는
　　　어떤 나라를 세웠을까?** ············· 114
　　　한국사·세계사 핵심 노트 ······· 146

**5장 박혁거세와 수로왕은
　　　어떤 나라를 세웠을까?** ··············· 150
　　　한국사·세계사 핵심 노트 ······· 180

🔍 교과서로 보는 연표 ·········· 9　　📢 도전! 역사 퀴즈 ············· 184
📷 QR 박물관 ···················· 194　　✏️ 정답과 해설 ················· 196

＊만화 하단의 ▶표시는 역사 관련 어휘, ＊표시는 일반 어휘로 구분하였습니다.

교과서로 보는 연표

 한국사

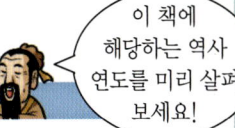 세계사

이 책에 해당하는 역사 연도를 미리 살펴 보세요!

한국사			세계사
구석기 시대	70만년 전		
신석기 시대	1만년 전		
		3500년경	메소포타미아 문명 시작
		3000년경	이집트 문명 시작
		2500년경	중국 문명 시작 인더스 문명 시작
단군왕검, 고조선 건국	2333		
청동기 시대	2000년경		
		1800년경	함무라비 왕, 메소포타미아 통일
		1600년경	중국, 상나라 왕조 성립
		1100년경	중국, 주나라 건국
		800년경	그리스, 폴리스 형성
철기 문화 보급	400년경		
		334	알렉산드로스 동방 원정
		221	진나라, 중국 통일
		202	한나라, 중국 재통일
위만, 고조선 왕 즉위▶	194		
고조선 멸망	108		
박혁거세, 신라 건국	57		
주몽, 고구려 건국	37		
		27	로마, 제정 시작
온조, 백제 건국	18		
김수로, 금관가야 건국	42		

신석기 시대에 농경이 시작되었어!

*기원전

기원후

중국과 우리나라는 관련된 것이 많아.

* 기원전 : B.C.라고도 하며 예수가 태어난 해의 이전을 말함.
▶ 즉위 : 임금이 될 사람이 식을 치르고 임금의 자리에 오름.

들어가는 이야기

이곳은 근정전으로, 경복궁의 중심이 되는 곳이에요.

여기가 근정전 이구나.

하암, 휴일에 이게 뭐람.

응?

어?

가까이 가지 마시오!

▶ **근정전** : 경복궁 안에 있는 궁전. 조선 시대에 임금의 즉위식이나 대례 따위를 치르던 곳. 정식 명칭은 '경복궁 근정전'으로, 국보 제223호.

* **설명** : 어떤 일이나 대상의 내용을 상대편이 잘 알 수 있도록 밝혀 말함.
* **우물** : 물을 긷기 위하여 땅을 파서 지하수를 고이게 한 곳.

* **출장** : 용무를 위하여 임시로 다른 곳으로 나감.
* **한정판** : 정해진 적은 수량만 만들어 파는 물품.

▶ 교태전 : 경복궁 안에 있던 왕비의 침실. 태조 3년(1394년)에 세웠으며, 선조 25년(1592년) 임진왜란 때에 소실되어 고종 6년(1869년)에 다시 세웠다가 1920년에 헐음.

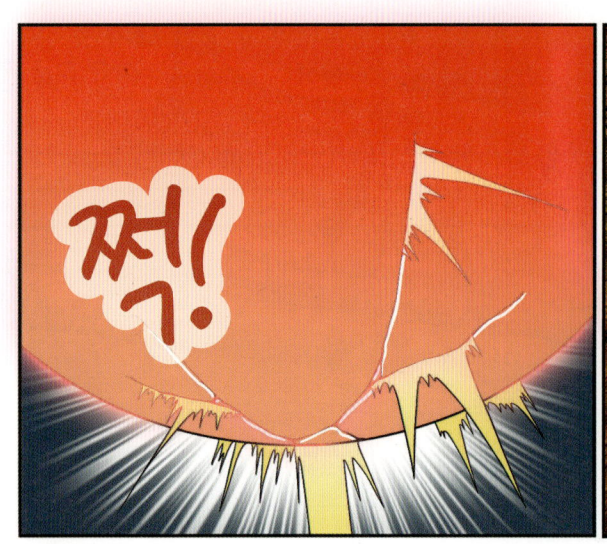

*보물 : 드물고 귀한 가치가 있는 보배로운 물건.
*국보 : 나라의 보배.

*싹 : 종이나 헝겊 따위를 칼이나 가위로 단번에 베는 소리 또는 거침없이 밀거나 비비거나 하는 소리. 또는 조금도 남기지 않고 전부.

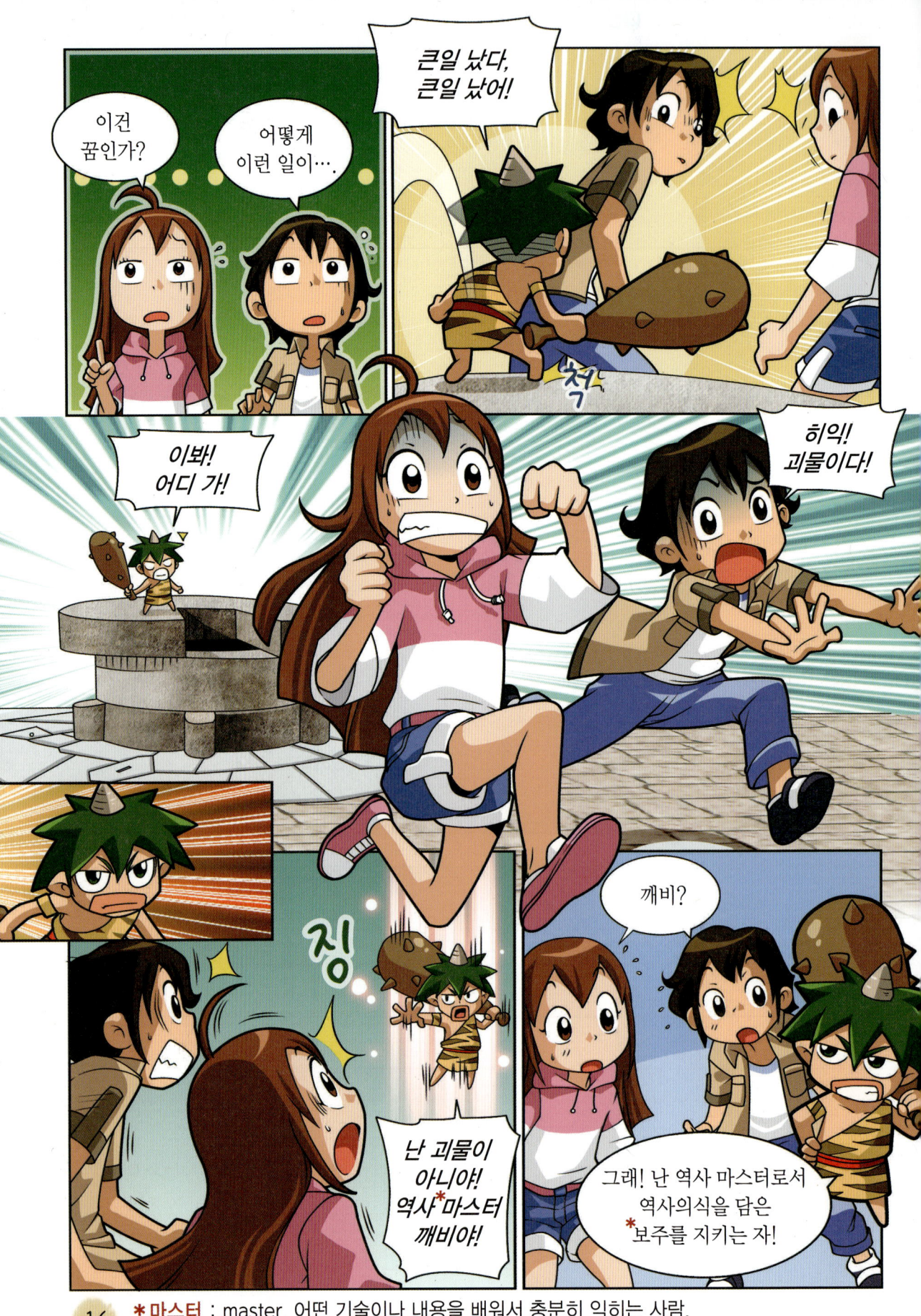

* **역사의식** : 어떠한 사회 현상을 역사적 관점이나 시간의 흐름에 따라 파악하고, 그 변화 과정에 주체적으로 관계를 가지려는 의식.

* 책임 : 맡아서 해야 할 임무나 의무.
* 황당하다 : 말이나 행동 따위가 터무니없다.

* **위인** : 뛰어나고 훌륭한 사람.
* **출발** : 목적지를 향하여 나아감.

흥수아이는 어떻게 살았을까?

어?

뭐지?

누리야, 너 옷차림이 너무 웃겨!

어? 옷이 왜 이렇게 변했지?

엥? 나도 그러네?

나 왜 돌을 들고 있지?

깨비, 넌 왜 그렇게 힘들어 보이니?

후유~, 먼 과거로 너희들을 데려오느라 힘을 너무 써서 그래.

과거? 지금이 언제인데?

▶너희들은 4만 년 전 구석기 시대로 왔고, 구석기 시대 아이들로 변한 거야.

▶**구석기** : 인류가 만들어 쓴 뗀석기. 주먹 도끼, 찍개, 찌르개 따위의 사냥 도구와 긁개, 밀개 따위의 조리 도구가 있음.

▶ **오스트랄로피테쿠스** : 1924년에 남아프리카 타웅(Taung)에서 발견한 화석 인류. 약 300만 년 전에 생존하였던 것으로 추정되며 두 발로 걸었음.

▶주먹 도끼 : 한쪽은 손으로 잡아 줄 수 있고, 다른 쪽은 날카로워서 물건을 자르거나 땅을 팔 수 있는 작은 도끼.

***사냥** : 총이나 활 또는 길들인 매나 올가미 따위로 산이나 들의 짐승을 잡는 일. 또는 힘센 짐승이 약한 짐승을 먹이로 잡는 일.

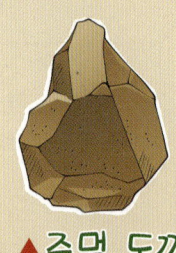

▲ 주먹 도끼
찍고, 자르고, 땅을 파는 등 다양한 기능을 가짐.

▲ 찍개
나무를 다듬거나 물건을 찍는 데 사용.

▲ 밀개
동물 가죽을 벗겨 손질할 때 사용.

▲ 긁개
나무나 가죽을 다룰 때 사용.

* **한반도** : 아시아 대륙의 동북쪽 끝에 있는 반도. 압록강과 두만강을 경계로 하며, 제주도 등 우리나라 국토의 전역을 포함함. 지금 우리가 살고 있는 곳.

* 포식 : 배불리 먹는 것.
* 군침 : 공연히 입 안에 도는 침.

오늘 운이 참 좋았어. 이렇게 큰 놈이 *절뚝거리며 나타났지 뭐야. 하하하.

와, ▶뗀석기로도 고기를 잘 자르시네.

으, 고소한 냄새! 기대 된다!

쿵 쿵

맛있겠다….

너희들도 먹어라.

와! 감사합니다!

정말 맛있어!

냠냠.

26
* **절뚝거리다** : 한쪽 다리가 짧거나 탈이 나서 자꾸 뒤뚝뒤뚝 절다.
▶ **뗀석기** : 구석기 시대에, 돌을 깨서 만든 도구.

구석기인들은 어떻게 살았을까?

구석기 시대에는 사람들이 동굴이나 바위 그늘에서 생활했다. 산과 들에서 열매나 나무뿌리를 모으고 동물을 사냥하여 먹을 것을 구했다. 모으거나 사냥으로 마련한 먹거리는 서로 *공평하게 나눠 먹고, 짐승이나 열매가 많은 곳을 찾아 무리를 지어 옮겨 다녔다.

＊부족 : 필요한 양이나 기준에 미치지 못해 충분하지 아니함.
＊공평 : 어느 쪽으로도 치우치지 않고 고름.

* **배불리** : 더 먹을 수 없이 양이 차게.
* **수영** : 스포츠나 놀이로서 물속을 헤엄치는 일.

***유적** : 남아 있는 자취. 건축물이나 싸움터 또는 역사적인 사건이 벌어졌던 곳이나 조개더미, 옛날 무덤 따위를 이름.

 흥수아이는 어떤 화석일까?

흥수아이는 충북 청원군 두루봉 동굴에서 발견된 4만 년 전의 어린아이 뼈 화석이다. 동굴 안에서 두 어린아이의 뼈를 발견했는데, 그 중 한 명의 뼈는 온전한 상태였고 다른 아이는 머리 없이 몸체만 발견되었다. 온전한 상태로 발견된 아이의 뼈 화석을 이 화석의 최초 발견자 김흥수 씨의 이름을 따 흥수아이라고 부른다. 흥수아이는 키가 110~120cm이고 5살 가량으로 추정되는데, 흥수아이 위에 고운 흙을 뿌리고 둘레에 국화꽃을 뿌린 흔적이 발견되었다.

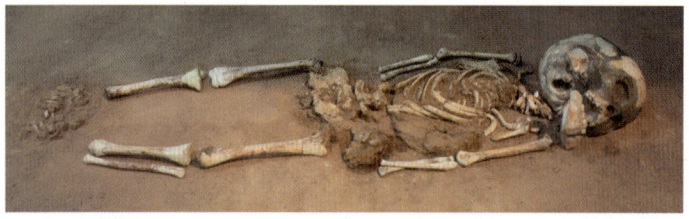

*화석 : 지질 시대에 생존한 동식물의 뼈와 활동 흔적 따위가 땅에 묻힌 채로 또는 지상에 그대로 보존되어 남아 있는 것을 통틀어 이르는 말.

*[30쪽] 온전하다 : 본바탕 그대로 고스란하다.
*[30쪽] 추정 : 미루어 생각하여 판정함.

어라? 여기가 어디지?

어푸푸! 살려 줘!

여긴 어디야?

신석기 시대야. *역사 시대로 옮기기에는 아직 힘이 부족해서 이곳으로 온 거야.

엥? 어떻게 된 거야?

마법으로 너희들을 여기로 옮겼어.

아까 그 아이들은?

모두 물에 빠져 죽었어. 어른들이 동굴 안에 묻고 *장례를 치렀지.

* **역사 시대** : 문자로 쓰인 기록이나 자료 따위가 있는 시대.
* **장례** : 장사를 지내는 일. 또는 그런 예식.

▶ **신석기 시대** : 문화 발전 단계에서 구석기 시대의 다음, 금속기 사용 이전의 시대. 약 1만 년 전에 시작하여 기원전 3000년 무렵까지임.

*토기 : 원시 시대에 쓰던, 흙으로 만든 그릇. 모양, 무늬 따위로 민족과 시대의 특색을 나타냄.
*저장 : 물건이나 재산 따위를 모아서 보관함.

*도구 : 일을 할 때 쓰는 연장을 통틀어 이르는 말.
▶간석기 : 날 부분이나 온전한 면을 갈아서 만든 석기.

* **가축** : 집에서 기르는 짐승. 소, 말, 돼지, 닭, 개 따위를 통틀어 이름.
* **시범** : 모범을 보임.

* 테 : 어그러지거나 깨지지 않도록 그릇 따위의 몸을 둘러맨 줄.
* 표면 : 사물의 가장 바깥쪽. 또는 가장 윗부분.

빗살무늬 토기의 특징은 무엇일까?

빗살무늬 토기는 신석기 시대에 만들어진 토기로 몸통에 빗살무늬가 새겨져 있다. 신석기 시대 사람들은 주로 강가에 살았기 때문에 강가 모래밭에 꽂아 쉽게*고정할 수 있도록 빗살무늬 토기 밑부분이 뾰족하게 생겼다.

*고정 : 한곳에 꼭 붙어 있거나 붙어 있게 함.
*공동체 : 생활이나 행동 또는 목적 따위를 같이하는 집단.

*사회 : 공동생활을 꾸려 나가는 모든 형태의 인간 집단. 가족, 마을, 조합, 교회, 계급, 국가, 정당, 회사가 그 주요 모양임.

▶ **청동기**: 청동으로 만든 그릇이나 기구.
＊**단련**: 몸과 마음을 굳세게 함.

톡톡! 역사

 고인돌은 어떻게 만들었을까?

고인돌은 청동기 시대에 만들어진 무덤으로, 받침돌 위에 커다란 ▶덮개돌을 얹어 만들었다. 규모가 큰 고인돌은 덮개돌의 무게가 수십 톤이 넘는 경우도 있었다. 이런 고인돌을 만들기 위해서는 수백 명의 힘을 모아야 하므로, 많은 사람들을 동원할 수 있는 지배자의 무덤임을 알 수 있다. 특히 강화도 부근리 고인돌은 덮개돌의 무게가 80톤이나 되는데, 이런 돌을 움직이려면 적어도 500여 명의 인력이 필요했다.

▲ 강화도 부근리 고인돌

* **족장** : 종족이나 부족의 우두머리.
▶ **덮개돌** : 고인돌에서 굄돌이나 받침돌 위에 올려진 큰 돌.

청동기 시대의 농사 도구도 청동기였을까?

청동은 구리에 주석이나 아연을 섞어서 만든 금속을 말한다. 청동으로 만든 도구나 무기는 돌로 만든 것보다 더 단단하고 날카로웠다. 하지만 청동을 만드는 재료가 귀하고 만들기도 어려워서 아무나 사용할 수 없었다. 주로 무리의 지배자들이 청동 방울, 청동 거울 등의 장신구로 사용하였고, 제사용으로 쓰기도 했다. 그래서 **청동기 시대에도 농사 도구는 여전히 간석기를 이용했다.** 우리나라에서는 기원전 2000년 무렵부터 청동기 시대가 시작되었다고 한다.

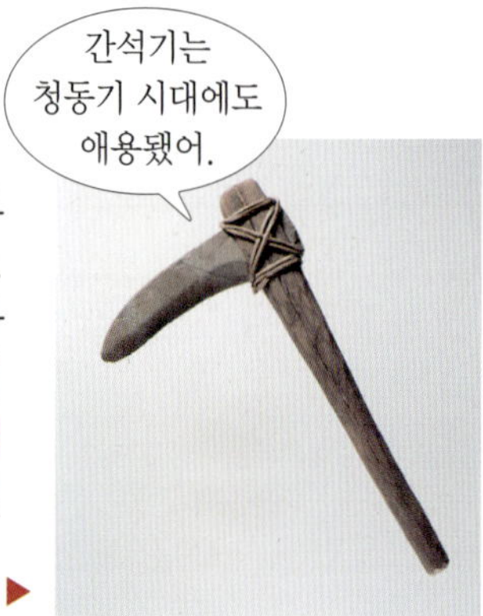

간석기는 청동기 시대에도 애용됐어.

▶ 돌낫

* **회복** : 원래의 상태로 돌이키거나 원래의 상태를 되찾음.
* **씨족** : 공동의 조상을 가진 혈연 공동체.

* **발달** : 학문, 기술, 문명, 사회 따위의 현상이 보다 높은 수준에 이름.
* **해결** : 일어난 문제를 풀거나 얽힌 일을 잘 처리함.

▶ **청동 거울** : 청동으로 만든 거울. 청동기 시대 이후부터 나타나며 거친무늬 거울, 잔무늬 거울, 본뜬 거울 등이 있음.

* 제사 : 신령이나 죽은 사람의 넋에게 음식을 바치어 정성을 나타내는 의식.
* 무기 : 전쟁이나 싸움에 사용되는 기구를 통틀어 이르는 말.

▶ 고인돌 : 큰 돌을 몇 개 둘러 세우고 그 위에 넓적한 돌을 덮어 놓은 선사 시대의 무덤. 북방식과 남방식이 있음.

*[46쪽] 차지하다 : 사물이나 공간, 지위 따위를 자기 몫으로 가지다.
*[46쪽] 노예 : 남의 소유물로 되어 부림을 당하는 사람.

한국사 핵심 노트

역사의 의미와 선사 시대에 대해 정리해 보자.

● 역사의 의미와 역사를 배우는 목적

역사를 알아야 발전할 수 있어.

1) 역사란 무엇일까?

역사는 과거 사실에 대한 기록이며, 과거에 일어났던 사실 그 자체이다.

2) 역사는 왜 배워야 할까?

역사를 배우면 과거를 통해 현재를 올바르게 이해할 수 있으며, 다가오는 미래를 설계하는 데 도움이 된다. 또한 삶의 지혜와 교훈을 배워 현재 겪고 있는 문제 해결의 실마리를 찾을 수 있고, 역사적 사고력과 비판력을 기를 수 있다.

3) 과거의 사실을 어떻게 알 수 있을까?

사료는 역사 연구에 필요한 유물이나 유적 또는 과거에 사람들이 남긴 기록을 말한다. 과거의 사실은 이 사료를 기초로 알 수 있다. 수많은 사료 중 가치 있고 의미 있는 기록을 찾아내고, 기록된 내용이 사실인지 자세히 살피는 것이 역사가의 할 일이다.

4) 사료의 종류

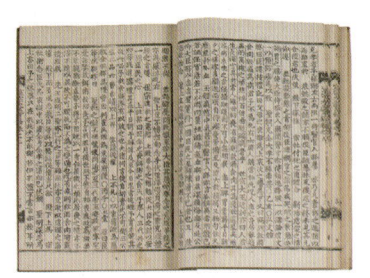
▲ 기록된 책, 그림 등의 기록물

▲ 과거의 사람들이 사용하던 물건, 유물

▲ 과거의 사람들이 남긴 흔적, 유적

▲ 역사의 현장 등을 생생하게 전달하는 사진

선사 시대의 구분

1) 구석기 시대

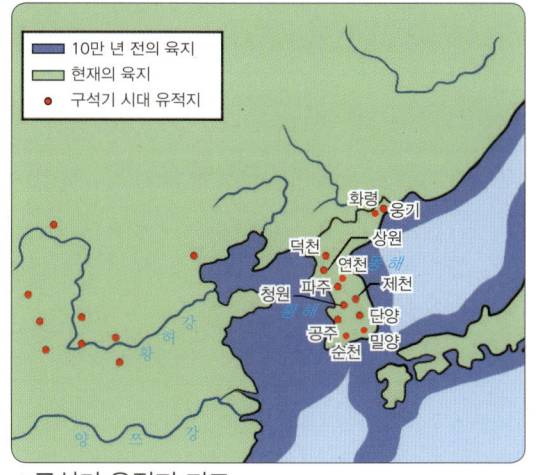

▲구석기 유적지 지도

한반도에 사람이 살기 시작한 것은 약 70만 년 전부터이다. 구석기인들은 주먹도끼 등의 뗀석기를 사용하여 열매와 뿌리를 채집하거나 동물을 사냥하였다. 먹잇감이 떨어지면 다른 곳으로 옮겨 가야 했기 때문에 동굴이나 바위 그늘에서 살거나 강가에 막집을 짓고 살았다.

2) 신석기 시대

한반도에서는 약 1만 년 전부터 신석기 시대가 시작되었다. 돌을 갈아서 만든 간석기를 사용하고, 음식을 저장하거나 조리하기 위해 토기를 만들어 사용하였다. 그리고 가락바퀴, 뼈바늘로 옷을 만들어 입었다. 신석기 시대에는 처음으로 농사가 시작되면서 사람들은 강가나 바닷가에 움집을 지어 정착 생활을 하였다.

▲신석기 유적지 지도

3) 구석기 시대와 신석기 시대 거주지 비교

▲단양 수양개 구석기 시대 집터

▲서울 암사동 신석기 시대 집터

세계사 핵심 노트

세계의 선사 시대를 정리해 보자.

⬠ 세계의 선사 시대

1) 인류의 출현과 진화

약 390만 년 전

원숭이랑 닮았지?

오스트랄로피테쿠스
아프리카에서 생활
두 발로 걸음.
간단한 도구 사용

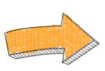

약 180만 년 전

불의 발견!

호모 에렉투스
불의 사용
언어 사용

약 40만 년 전

죽은 사람은 묻어야 해.

호모 네안데르탈렌시스
매장 풍습

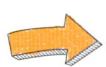

약 20만 년 전

생각하는 사람!

호모 사피엔스
현 인류의 조상
흥수아이, 크로마뇽인이
여기에 해당

 궁금해요! 오스트랄로피테쿠스? 호모 사피엔스? 이게 무슨 뜻이에요?

   오스트랄로피테쿠스는 라틴어로 '남쪽의 원숭이'라는 뜻이에요. 아프리카의 남쪽에서 처음 나타났기 때문에 붙여진 이름이에요. 호모 사피엔스는 '생각하는 사람', 호모 에렉투스는 '똑바로 선 사람'이라는 뜻이에요. 호모 네안데르탈렌시스는 '네안데르 계곡의 생각하는 사람'이라는 뜻인데, 독일의 네안데르 계곡 근처에서 처음 발견됐기 때문에 붙여진 이름이에요.

2) 구석기 시대와 신석기 시대의 비교

	구석기 시대	신석기 시대
도구	• 뼈 도구와 뗀석기 ① 사냥용 : 주먹 도끼, 찍개, 팔매돌 ② 조리용 : 긁개, 밀개	• 간석기 ① 농기구 : 돌괭이, 돌삽 등 ② 조리용 : 갈돌, 갈판 등 • 토기 : 칠그림 토기, 빗살무늬 토기 등
경제	• 사냥, 채집, 고기잡이 등을 하며 이동 생활	• 농경과 목축을 시작하며 정착 생활 • 사냥과 고기잡이 병행
주거	• 동굴이나 강가에 막집	• 강가나 바닷가에 움집
사회	• 평등한 공동체를 이루어 무리 생활	• 씨족을 기본 구성단위로 하며 *족외혼을 통해 부족 형성
문화	• 조각품 제작 : 사냥감의 번성을 빎	• 애니미즘 : 영혼, 정령의 존재를 믿음 • 샤머니즘 : 무당과 주술을 믿음 • 토테미즘 : 특정 동식물을 자기 부족의 기원이라고 믿음

3) 구석기 시대와 신석기 시대의 유물 비교

① 구석기 시대 유물

▲주먹 도끼
연천 전곡리 유적

▲빌렌도르프의 비너스
오스트리아

▲라스코 동굴 벽화
프랑스

② 신석기 시대 유물

▲가락바퀴
중국 신장

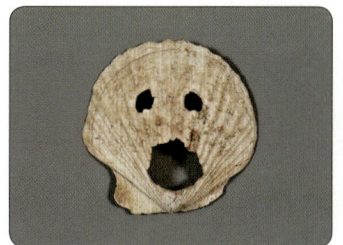
▲조개껍데기 가면
부산 영도구

▲스톤헨지
영국 남부

*족외혼 : 같은 씨족·종족 등에서의 혼인을 금하고 다른 집단에서 배우자를 구하는 혼인 형식.

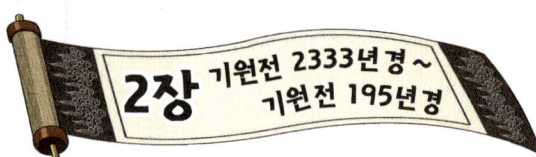

단군왕검은 실제로 있었을까?

▶ **고조선** : 우리나라 최초의 국가. 기원전 2333년 무렵에 단군왕검이 세운 나라로, 중국의 요동과 한반도 서북부 지역에 자리 잡음.

* **신통방통하다** : 매우 대견하고 칭찬해 줄 만하다.
* **형태** : 사물의 생김새나 모양.

* **신화** : 우주의 기원, 신이나 영웅의 업적, 민족이 생겨날 때의 역사나 설화로 이루어진 이야기.
* **지배자** : 남을 지배하거나 지배적인 위치에 있는 사람.

톡톡! 역사
유물을 통해 고조선의 세력 범위를 알 수 있다고?

고조선에서 발견된 청동검은 비파처럼 생긴 비파형 동검과 그 이후에 만들어진 가늘고 긴 세형동검이 있다. 비파형 동검은 한반도 북부 지방과 중국의 만주, 요동 지역에서 발견되어 '요령식 동검', 고조선의 특징적 유물이라는 점에서 '고조선식 동검'이라고도 불린다. 세형동검은 주로 한반도 안에서만 발견되었기 때문에 '한국형 동검'이라고 부른다. 이 동검들은 검 몸과 자루를 따로 만들어 *조합하는 형식으로, 일체형인 중국식 동검과 차이가 있다. 비파형 동검과 탁자식 고인돌, 미송리식 토기가 발견된 위치로 고조선의 영역을 *가늠할 수 있다.

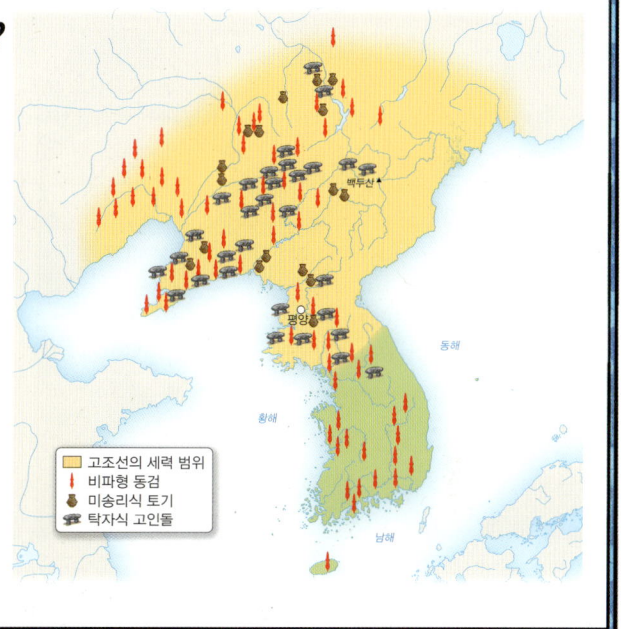

* 조합 : 여럿을 한데 모아 한 덩어리로 짬.
* 가늠 : 사물을 어림잡아 헤아림.

*청동검 : 청동으로 만든 칼.
*노비 : 사내종과 계집종을 아울러 이르는 말.

* **간수** : 물건 따위를 잘 거두어 보호하거나 보관함.
* **처벌** : 형벌에 처함. 또는 그 벌.

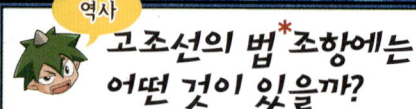

고조선의 법 *조항에는 어떤 것이 있을까?

고조선에는 8개 조항의 법이 있었는데 그중 **3개 조항**만 전해진다.
1. 사람을 죽인 자는 즉시 죽인다.
2. 남에게 상처를 입힌 자는 곡식으로 갚는다.
3. 도둑질을 한 자는 노비로 삼는다. 용서를 받고자 하는 자는 50만 전을 내야 한다.

* **조항** : 법률이나 규정 등의 항목.
* **이삭** : 곡식에서 꽃이 피고 꽃대의 끝에 열매가 더부룩하게 많이 열리는 부분.

* 새참 : 일을 하다가 잠깐 쉬면서 먹는 음식.
* 유물 : 조상이 후대에 남긴 물건.

미송리식 토기는 어떤 특징이 있을까?

미송리식 토기는 청동기 시대 민무늬 토기의 한 종류이다. 1959년 평안북도 의주 미송리에 위치한 동굴 유적에서 처음으로 발견되어 '미송리식 토기'라는 이름이 붙었다. 미송리식 토기는 주로 돌널무덤에서 출토되었다. 바닥이 납작하고 *아가리가 점차 벌어지는 모양을 하고 있는데, 몸체가 통통하고 손잡이가 양쪽으로 달려 있는 것이 특징이다.

▶ **돌널무덤** : 깬돌이나 판돌을 이어서 널을 만들어 쓴 무덤. 주로 청동기 시대에 썼음.
* **아가리** : 물건을 넣고 빼고 하는 병이나 그릇의 주둥이.

*홍익인간 : 널리 인간을 이롭게 함. 단군의 건국 이념으로, 우리나라 정치, 교육, 문화의 최고 이념. 〈삼국유사〉 고조선 건국 신화에 나옴.

▶요임금(알 수 없음) : 중국 고대 전설상의 임금. 성덕을 갖춘 이상적인 군주로 꼽힘.
▶살아 있던 시기를 정확히 알 수 없음.

*단군 신화 : 단군의 출생과 즉위에 관한 신비스러운 이야기.
*숭배 : 우러러 받듦.

▶삼국유사 : 1281년에 승려 일연이 쓴 역사책. 〈삼국사기〉와 더불어 우리나라에서 현존하는 가장 오래된 역사책임.

* 꾸물거리다 : 사람이나 동물이 매우 느리게 움직이는 모양.
* 자제 : 다른 집안의 젊은이를 높여서 이르는 말.

* 백성 : 나라의 근본을 이루는 일반 국민을 예스럽게 이르는 말.
* 준비 : 미리 마련하여 갖춤.

*차질 : 하던 일이 계획이나 의도에서 벗어나 틀어지는 일.
*칭호 : 어떠한 뜻으로 일컫는 이름.

*역할 : 자기가 마땅히 하여야 할 직책이나 임무.
*우두머리 : 어떤 일이나 단체에서 으뜸인 사람.

* 기원전 : B.C.라고도 하며 예수가 태어난 해의 이전을 말함.
* 세기 : 백 년 동안을 세는 단위. 1세기는 1~100년을 말함.

* **국경**: 나라와 나라의 땅을 가르는 경계.
* **경계**: 적의 기습이나 간첩 활동 같은 침입을 막기 위하여 주변을 살피면서 지킴.

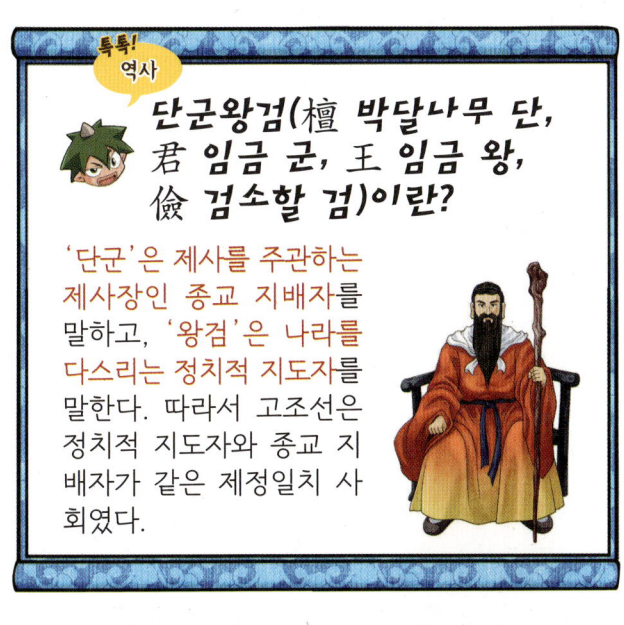

톡톡! 역사

단군왕검(檀 박달나무 단, 君 임금 군, 王 임금 왕, 儉 검소할 검)이란?

'단군'은 제사를 주관하는 제사장인 종교 지배자를 말하고, '왕검'은 나라를 다스리는 정치적 지도자를 말한다. 따라서 고조선은 정치적 지도자와 종교 지배자가 같은 제정일치 사회였다.

▶ **연나라** : 전국 시대에 주나라 무왕의 동생 소공석이 세운 나라. 지금의 중국 베이징을 수도로 하였고, 기원전 222년에 진시황에게 망함.

청동 거울의 쓰임새는 어떠했을까?

청동 거울은 청동기 시대부터 사용된 생활용품이다. 그 당시의 청동 거울은 원래 지금의 거울과 다른 의미로, <u>제사장이나 부족장의 권위를 나타내는</u>*주술적인 도구로 사용되었다. 당시의 사람들은 청동 거울에 반사되는 눈부신 태양빛을 신비롭게 여겼고 그 빛에는 하늘에서 오는 메시지가 담겨 있다고 생각했다. 그래서 제사장이 하늘에 제사를 지낼 때 청동 거울을 사용했다. ▶삼국 시대에도 왕족처럼 *지위가 높은 사람만이 권위의 *상징물로 청동 거울을 가질 수 있었다.

▲ 청동 거울

* **주술** : 불행이나 재해를 막으려고 주문을 외거나 도술을 부리는 일.
▶ **삼국 시대** : 4세기 초에서 7세기 중엽까지 고구려, 백제, 신라의 세 나라가 맞서 있던 시대.

*[72쪽] 지위 : 개인의 사회적 신분에 따르는 위치나 자리.
*[72쪽] 상징물 : 추상적인 것을 구체적으로 나타낸 물체.

74 *흔적 : 어떤 현재의 상태나 실제의 물체가 없어졌거나 지나간 뒤에 남은 자국 또는 어떤 것이 남긴 표시.

* **신성** : 함부로 가까이할 수 없을 만큼 거룩함.
* **허락** : 청하는 일을 하도록 들어줌.

한국사 핵심 노트

기원전 2000년경 청동기 시대와 고조선에 대해 정리해 보자.

⬠ 한반도의 청동기 시대

1) 한반도의 청동기 문화

한반도와 만주 지역에서 청동기를 사용하기 시작한 것은 기원전 2000~기원전 1500년경이다. 청동은 재료가 귀하고 만들기가 어려워 주로 지배층의 무기나 의식용 도구를 만드는 데 사용하였다. 농기구 및 생활 도구는 여전히 돌이나 나무로 만들어 사용하였다. 벼농사가 시작되면서 본격적인 농경 생활이 시작되었으며, 농업이 발달하고 생산량이 증가하자 빈부의 차가 나타나고 계급이 생겨났다.

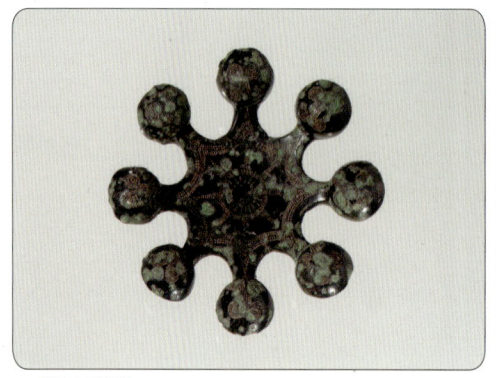
▲ 청동 방울

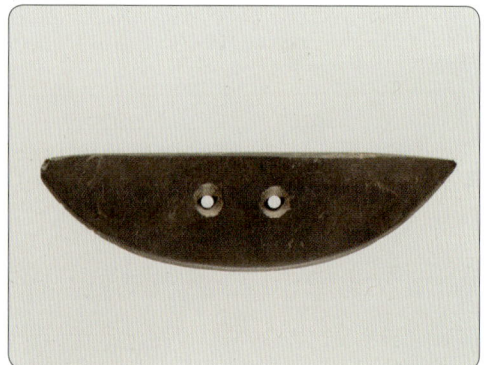
▲ 반달 돌칼

청동기 시대에는 농사와 방어에 유리한 강가의 야산이나 나지막한 언덕에서 살았으며, 주로 민무늬 토기를 만들어 사용하였고, 항아리 모양의 미송리식 토기도 사용하였다. 또한 다산과 풍요를 기원하는 종교 의식을 치렀는데, 청동 거울이나 청동 방울을 종교 의식에 사용하며 지배자의 권위를 높였다. 지배자가 죽으면 지배자의 권위를 상징하는 거대한 고인돌을 만들었다.

▲ 민무늬 토기

▲ 울주 대곡리 반구대 암각화

2) 삼국유사에 나타난 고조선의 건국

> 옛날에 환인의 아들 환웅이 있어 자주 천하에 뜻을 두면서 인간 세상을 몹시 바라고 있었다. 아버지가 아들의 뜻을 알고 지상 세계를 두루 내려다보니 ①인간들에게 커다란 이익을 줄 만하므로 이에 천부인 세 개를 주고 내려보내 다스리게 하였다. ②환웅이 3천여 명의 무리를 거느리고 태백산 꼭대기 신단수 아래에 내려와 그곳을 신시라 이름하고 자신을 환웅 천왕이라 하였다. 그리고 ③바람과 비와 구름을 관장하는 자들을 거느려 곡식과 생명, 병과 형벌, 선과 악을 맡게 하고, 무릇 인간 세상의 360여 가지 일들을 주관하여 살면서 세상을 다스리고 교화하였다. 때마침 ④곰 한 마리와 호랑이 한 마리가 같은 굴에 살면서, 환웅에게 늘 사람으로 변하도록 해달라고 빌었다. 곰과 호랑이는 인간이 되기 위해 마늘과 쑥을 먹으면서 동굴 생활을 시작하였다. 곰은 21일 동안 조심하여 여자의 몸이 되었으나, 호랑이는 조심하지 못하여 사람이 되지 못하였다. 곰 여인은 혼인할 자리가 없었으므로 매번 신단수 아래에서 아이를 갖게 해 달라고 빌었다. 이에 ⑤환웅이 잠시 사람으로 변해서 그녀와 혼인하여 아들을 낳으니 이름을 ⑥단군왕검이라 하였다. 그는 평양성에 도읍하고 나라 이름을 조선이라 일컬었다.
>
> 〈삼국유사〉

① 널리 인간을 이롭게 한다는 '홍익인간'의* 건국 이념을 담고 있음.
② 환웅은 자신을 하늘의 자손이라 말하는 *선민사상을 내세움.
③ 농사를 짓는 사회였다는 것을 의미함.
④ 곰을 숭배하는 부족과 호랑이를 숭배하는 부족을 뜻하는 것으로 볼 수 있음.
⑤ 환웅 부족이 곰을 숭배하는 부족과 결합하여 나라를 건국한 것을 나타냄.
⑥ 단군왕검 : 단군은 제사장, 왕검은 정치적 지배자를 뜻하고 이를 통해 제정일치 사회였을 것으로 추측함.

▲ 단군왕검

*건국 이념 : 나라를 세우는 데 최고 이상으로 삼는 정신.
*선민사상 : 한 사회의 사람들이 스스로 남달리 특별하다고 여김.

세계사 핵심 노트

고조선 무렵의 다른 나라에는 어떤 일이 있었을까?

⬠ 문명의 발생 : 메소포타미아 문명과 이집트 문명

세계 4대 문명은 세계에서 가장 먼저 문명이 발달한 메소포타미아 문명, 인더스 문명, 이집트 문명, 중국(황허) 문명을 말한다. 4대 문명은 모두 큰 강을 끼고 있었다. 큰 강 유역은 기후가 따뜻하고 땅이 기름져서 농사짓기 알맞았고, 교통이 편리하였기 때문이다.

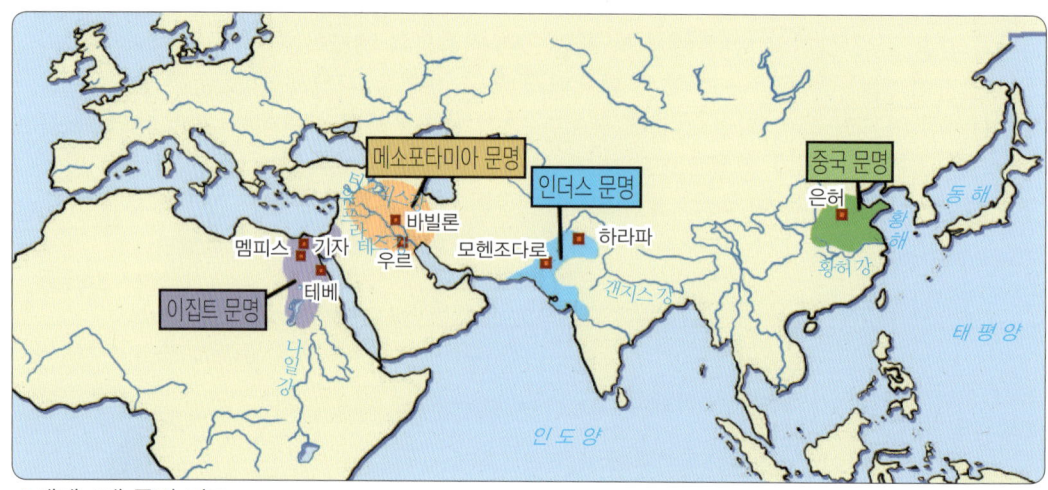

▲ 세계 4대 문명 지도

1) 메소포타미아 문명

메소포타미아 지방은 티그리스 강과 유프라테스 강 덕분에 땅이 기름져서 일찍부터 농업이 발달하였다. 이곳에서 기원전 3500년경 세계 최초로 청동기를 사용하는 문명이 발생하였다.

기원전 1800년경에는 메소포타미아 지역을 처음으로 통일한 바빌로니아가 등장하였고 함무라비 왕은 함무라비 법전을 만들었다.

쐐기 문자는 점토판에 기록하였어.

▲ 쐐기 문자
수메르인들은 '지구라트'라는 신전을 세우고 쐐기 문자, *60진법을 사용했다.

*60진법 : 60씩 한 묶음으로 하여 자리를 올리는, 수를 나타내는 방법 중 하나. 현재에도 60초를 1분, 60분을 1시간으로 하는 시간 단위와 각도의 단위 등에 사용함.

함무라비 법전의 내용

196조 다른 사람의 눈을 멀게 했으면, 그의 눈을 뺀다.
198조 귀족이 평민의 눈을 멀게 하거나 뼈를 부러뜨리면, 금 1미나를 지불한다.
199조 남의 노예의 눈을 멀게 하거나 뼈를 부러뜨리면, 그 노예 가격의 반을 지불한다.
218조 의사가 수술을 하다가 사람을 죽게 하면, 그의 손을 자른다.

'눈에는 눈, 이에는 이'라는 말은 저지른 범죄와 동등한 형벌을 내리는 함무라비 법에서 유래했어.

▶ 함무라비 법전이 새겨진 비석

2) 이집트 문명

기원전 3000년경 문명이 발생한 이집트의 나일 강 유역은 정기적인 *범람으로 기름진 흙이 쌓여 일찍부터 농업이 발달하였다. 이집트에서는 태양신을 최고의 신으로 섬겼는데, 왕인 파라오는 태양신의 아들로 여겨져 막강한 권력을 행사하였다. 또 영혼은 죽지 않고 부활한다고 생각하여 죽은 사람을 미라로 만들었다. 파라오의 미라를 보존하기 위해 만든 거대한 피라미드는 파라오의 권위를 보여 준다. 또 1년을 365일로 계산한 태양력을 사용하였고, 측량술과 수학을 발전시켰다. 또 파피루스로 만든 종이에 그림 문자로 자신들의 생활을 기록하였다.

▲ 사자의 서
죽은 이가 저승에 갈 때 도움이 되는 주문이 적혀 있다.

▲ 피라미드
고대 이집트 왕족의 무덤.

▲ 스핑크스
사람의 머리와 사자의 몸을 가지고 있는 상상의 동물.

*범람 : 큰물이 흘러넘침.

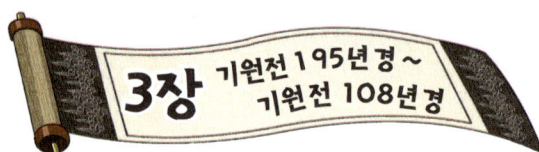

3장 기원전 195년경 ~ 기원전 108년경

위만은 왜 고조선으로 왔을까?

* **이동**: 움직여 옮김. 또는 움직여 자리를 바꿈.
▶ **왕검성**: 고조선의 도읍지.

톡톡! 역사

위만은 어떻게 고조선으로 왔을까?

한나라의 황제 유방은 중국을 통일한 후 자신의 부하들에게 땅을 나누어 주고 ▶제후로 임명했다. 연나라는 한나라의 제후국 중 하나였고, 위만은 노관이라는 제후의 부하였다. 황제는 나라가 안정되자 제후들을 없애기 시작했다. 노관은 흉노족에게 도망쳤는데, 위만은 따로 자신을 따르는 사람들을 모아 고조선으로 왔다.

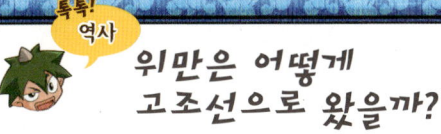

* **상투** : 예전에, 장가든 남자가 머리털을 끌어 올려 정수리 위에 틀어 감아 맨 것.
▶ **제후** : 봉건 시대에 일정한 영토를 가지고 그 영토 안의 백성을 지배하던 사람.

* 임명 : 일정한 지위나 임무를 남에게 맡김.
* 리 : 거리의 단위. 1리는 약 393m.

톡톡! 역사

왕검성은 어디에 있었을까?

고조선의 도읍인 아사달과 왕검성이 어디 있었는지에 대한 세 가지의 설이 있다. 첫 번째는 **평양에 있었다**는 의견으로, 고려 때 지어진 역사책 〈삼국유사〉와 〈삼국사기〉에 고조선의 도성이 지금의 평양 쪽에 있었다고 한다. 두 번째는 **중국 요동 지방에 있었다**는 의견이고, 마지막은 왕검성이 **원래 중국 요동 지방에 있다가 고조선의 세력이 커지면서 평양 쪽으로 옮겼다**는 의견인데, 역사학자들은 마지막 의견에 많은 점수를 주고 있다.

▶ **준왕(알 수 없음)** : 고조선의 왕. 연나라에서 넘어온 위만에게 나라를 빼앗기고, 남쪽으로 갔다고 함.

* 신망 : 믿고 기대함.
* 정착 : 일정한 곳에 자리를 잡아 붙박이로 있거나 머물러 삶.

* 성안 : 성벽으로 둘러싸인 안.
* 점령 : 전쟁 상태의 상대국 군대가 적국의 땅에 들어가 그 지역을 지배함.

톡톡! 역사

나라를 빼앗긴 준왕은 어떻게 됐을까?

준왕은 위만에게 나라를 빼앗기고 자신을 따르는 사람들을 모아 남쪽으로 내려갔다. 당시 한반도의 남쪽에는 나라의 모습을 제대로 갖추지 못한 80여 개의 나라가 있었다. 준왕은 현재의 충청도 지역에 자리를 잡고 새로운 나라를 세웠다고 한다. 한편, 한반도 남쪽의 작은 나라들은 서로 집단을 이루어 마한, 진한, 변한이라는 세 개의 *연맹, 삼한을 구성하였다.

86 * 연맹 : 공동의 목적을 가진 단체나 국가가 서로 돕고 행동을 함께 할 것을 약속함.
* 배신 : 믿음이나 의리를 저버림.

▶ **위만(재위 기원전194~?년)** : 위만 조선의 창시자. 중국 연나라의 관리로서 천여 명의 무리를 이끌고 고조선에 망명하였음. 이후 준왕을 몰아내고 위만 조선을 세웠음.

> **톡톡! 역사**
>
> ## 위만에 대한 다른 설이 있다고?
>
> 위만은 기원전 195년 무렵 당시 고조선의 *거수국인 '기자 조선'이라는 곳으로 가서 준왕을 속이고 왕이 되었다는 설이 있다. 그리고 한나라의 도움을 받아 고조선을 침략했다고 한다. 그 후 기원전 2세기 말에 한나라가 위만 조선을 멸망시킨 후 고조선을 침략하였고, 고조선은 결국 힘을 잃고 부여, 고구려, 동예 등의 새로운 나라를 탄생시키고 사라졌다고 한다.

* **첩자** : 어떤 곳의 비밀이나 상황을 몰래 알아내어 다른 곳에 제공하는 사람.
▶ **거수국** : 주요 지방 국가.

* **대가** : 일을 하고 그에 대한 값으로 받는 보수.
* **거래** : 주고받음. 또는 사고팖.

톡톡! 역사
중국과 무역을 했다는 것을 무엇으로 알 수 있을까?

철기 시대의 농기구 및 무기와 함께 **중국 화폐인 명도전(明刀錢)**이 한반도에서 *출토되었다. 이것으로 당시 중국과 활발하게 교류하였음을 알 수 있다.

'명' 글자가 적혀 있는 칼 모양의 돈이라서 '명도전'이라고 불러.

* **출토** : 땅속에 묻혀 있던 물건이 밖으로 나옴.
* **발견** : 미처 찾아내지 못하였거나 아직 알려지지 아니한 사물이나 현상, 사실 따위를 찾아냄.

▶우거왕(재위 ?~기원전108년) : 고조선의 마지막 왕. 위만의 손자로, 기원전 109년 한나라가 군을 이끌고 침입해 오자 맞서 싸움.

톡톡! 역사

위만 조선과 한나라 사이에 갈등이 있었다고?

우거왕 때의 위만 조선은 *중계 무역을 통해 더 많은 이익을 챙기기 위해 주변의 나라들이 한나라와 직접 무역을 하지 못하게 하고 한나라의 적인 *유목 민족, 흉노족과 손을 잡았다. 이에 대해 한나라의 불만이 컸다.

* **중계 무역** : 다른 나라로부터 사들인 물자를 그대로 다른 나라로 수출하는 형식의 무역.
* **유목** : 일정한 거처를 정하지 않고 다니면서 가축을 키우며 삶.

* 무례 : 태도나 말에 예의가 없음.
* 간섭 : 남의 일에 이치에 맞지 않게 참견함.

* 기세등등 : 기세가 매우 높고 힘찬 모양.
* 협상 : 어떤 목적에 맞는 결정을 하기 위하여 여럿이 서로 의논함.

▶ 위만 조선 : 기원전 194년에 위만이 세운 고조선의 마지막 나라. 기원전 108년 우거왕 때 한나라의 무제에게 망하였음.

* **항복** : 적이나 상대편의 힘에 눌리어 굴복함.
* **돌팔매질** : 무엇을 맞히려고 돌멩이를 던지려는 짓.

전군*공격하라!

와아아
와아아

물러서지 마라!

에잇!

떡

으악!

적들이 *후퇴한다!

와아
와아

* **공격** : 나아가 적을 침.
* **후퇴** : 뒤로 물러남.

97

* **진척** : 일이 목적한 방향대로 진행되어 감.
* **방책** : 방법과 꾀를 아울러 이르는 말.

* **항복** : 적이나 상대편의 힘에 눌리어 머리를 숙이고 꿇어 엎드림.
* **매국노** : 사사로운 이익을 위하여 나라의 권리를 남의 나라에 팔아먹는 행위를 하는 사람.

*복면 : 얼굴을 알아보지 못하도록 얼굴 전부 또는 일부를 헝겊 따위로 싸서 가림.
*신하 : 임금을 섬기어 벼슬하는 사람.

* 난리 : 분쟁, 재난 따위로 세상이 소란하고 질서가 어지러워진 상태.
* [103쪽] 모래성 : 모래를 성처럼 쌓은 것. 또는 쉽게 허물어지는 것을 비유적으로 이르는 말.

* 불과하다 : 그 수준을 넘지 못한 상태이다.
* 예상 : 어떤 일을 직접 당하기 전에 미리 생각하여 둠.

* **별일** : 드물고 이상한 일.
* **무기** : 전쟁이나 싸움에 사용되는 기구를 통틀어 이르는 말.

* **저항** : 어떤 힘이나 조건에 굽히지 아니하고 거역하거나 버팀.
* **불가능** : 가능하지 않음.

* **사기** : 의욕이나 자신감 따위로 가득 차서 굽힐 줄 모르는 자세.
* **신호** : 일정한 기호, 표지, 소리, 몸짓 따위로 특정한 내용 또는 정보를 전달함.

톡톡! 역사

한사군이 뭘까?

한나라는 위만 조선을 무너뜨리고 위만 조선이 있던 지역에 낙랑군, 진번군, 임둔군, 현도군이라는 네 개의 *행정 구역을 설치했다. 이 네 개의 군을 한사군이라고 한다. 한나라는 영토를 군으로 나눠 다스리려고 했다.

*행정 구역 : 행정 기관의 권한이 미치는 범위의 일정한 구역. 특별시, 광역시, 도, 군, 읍, 면 등임.

108 **방법** : 어떤 일을 해 나가거나 목적을 이루기 위하여 취하는 수단이나 방식.
상의 : 어떤 일을 서로 의논함.

* 흐름 : 한 줄기로 잇따라 진행되는 현상을 비유적으로 이르는 말.
* 한패 : 같은 동아리. 또는 같이 어울려 다니는 사람의 무리.

한국사 핵심 노트

기원전 2333년 건국된 고조선과 철기 문화를 정리해 보자.

🟢 고조선의 문화

1) 고조선의 문화 범위

고조선의 문화 범위는 만주와 한반도 북부 지방에 집중적으로 발굴되고 있는 요령식 동검, 미송리식 토기, 탁자식 고인돌의 분포 지역을 통해 짐작할 수 있다.

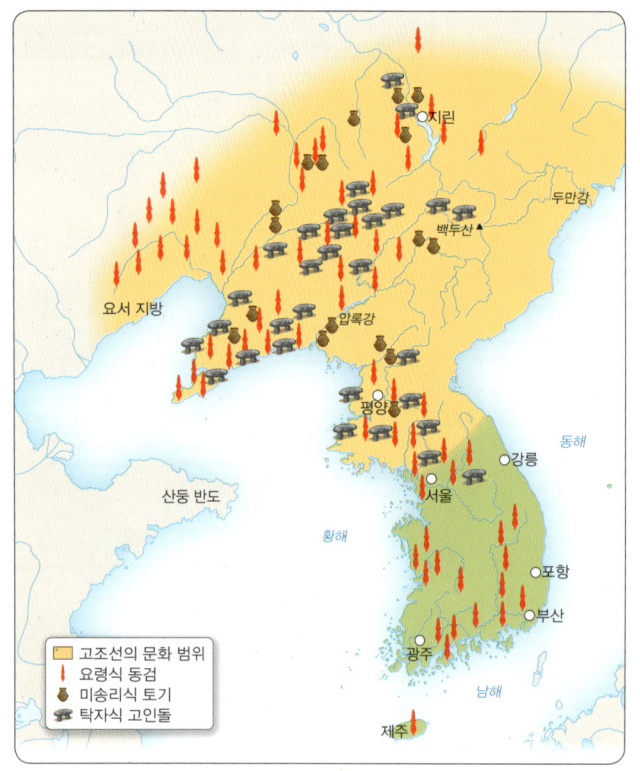
▲ 고조선의 문화 범위

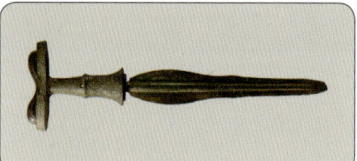
▲ 요령식 동검

▲ 미송리식 토기

▲ 탁자식 고인돌

2) 고조선의 사회 모습

> 〈한서지리지〉에 나오는 고조선의 8조법
> ① 사람을 죽인 자는 사형에 처한다.
> ② 남에게 상처를 입힌 자는 곡물로 갚게 한다.
> ③ 남의 물건을 훔친 자는 노비로 삼는다. 단, 죄를 면하려는 자는 50만 전을 내야 한다.

고조선의 법을 살펴보면 사람의 생명을 존중했음을 알 수 있다. 다쳐서 일을 못하는 만큼의 곡물을 배상한다는 것은 당시에 노동력을 중요시하였고 농경 사회였음을 알 수 있다. 고조선에서는 사유 재산이 있었으며, 노비의 존재를 통해 계급도 있었음을 알 수 있다. 또한, 50만 전을 내야 한다는 것을 보아 화폐를 사용했다는 것을 알 수 있다.

* 분포 : 일정한 범위에 흩어져 퍼져 있음.
* 배상 : 남의 권리를 침해한 사람이 그 손해를 물어 주는 일.

🟢 우리나라의 철기 문화

1) 철기의 보급
　고조선이 성장해 가던 기원전 5세기 무렵 중국에서 철기가 전래하여 기원전 1세기경에 널리 사용되었다.

2) 철기의 사용
　철제 농기구로 땅을 깊게 갈 수 있었기 때문에 농업 생산량이 많이 늘어났다. 이에 따라 *빈부 격차가 더욱 커지게 되었다. 철제 무기를 사용하면서 전투력이 향상됨에 따라 정복 전쟁이 활발해지고 여러 나라가 생겨나기 시작했다. 청동기는 주로 제사 도구로 사용하였다.

▲반달 모양 쇠칼

▲철제 농기구

3) 무덤의 형식과 대외 교류
　구덩이를 파고 나무 널을 넣은 널무덤과 두 개의 항아리를 옆으로 이어 만든 독무덤이 발견되었다. 또한 중국의 화폐 명도전이 발견되어 중국과 교류하였음을 알 수 있다.

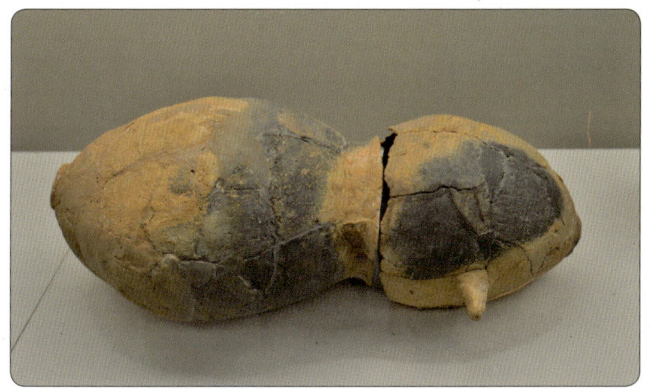
▲독무덤

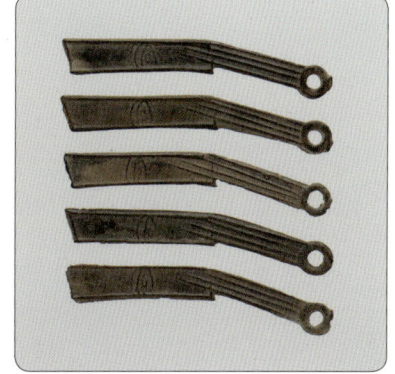
▲명도전

* **빈부 격차** : 가난한 사람과 부유한 사람 사이의 재산 차이.

세계사 핵심 노트

고조선 시대에 다른 나라에는 어떤 일이 있었을까?

⬟ 중국 문명

1) 중국 문명의 발생

중국의 황허 강과 창장 강 유역은 토지가 비옥하여 일찍부터 농경이 발달하였다. 기원전 2500년경부터는 청동기를 사용하면서 문명의 발전이 시작되었다. 황허 강 유역에서 발생한 문명을 바탕으로 성립된 최초의 나라는 '하(夏)나라'라고 전해지고 있다.

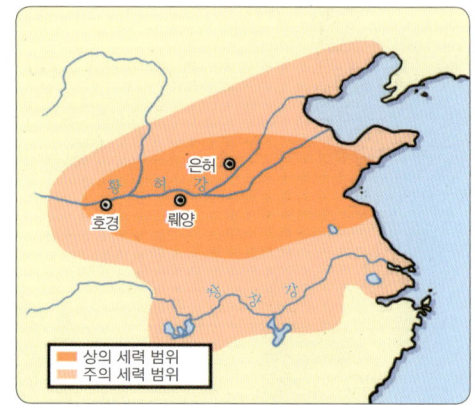

▲ 중국 문명의 성립과 발전

2) 상나라의 성립

▲ 갑골문

기원전 1600년경 상나라가 등장하였다. 상나라는 수도인 '은허'가 발굴되며 '은나라'라고 불리기도 한다. 은허에서는 왕의 묘로 보이는 거대한 무덤과 궁전, 갑골문과 청동기 등이 발견되었다. 갑골문은 거북의 배딱지나 소뼈에 제사, 군사, 농경, 정치에 관한 내용이 기록되어 있는 것을 말하는데, 이 문자들이 나중에 한자로 발전하였다.

거북의 배딱지를 나타내는 갑, 소뼈의 골을 합쳐 갑골문이라고 해.

3) 주나라의 성립

기원전 1100년경 주나라가 상나라를 멸망시키고 새로운 지배자로 등장하였다. 주나라는 창장 강 유역까지 영토를 확장하였고 넓어진 영토를 효율적으로 다스리기 위해 봉건제를 시행하였다. 주나라는 기원전 8세기경 유목 민족의 침입을 받아 도읍을 옮기며 세력이 크게 약화되었고, 끝내 분열되었다.

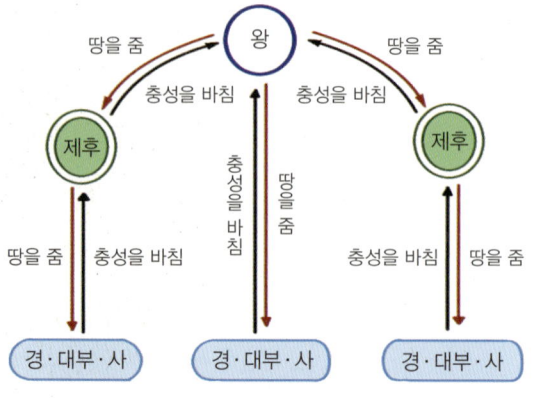

▲ 주나라의 봉건 제도

▶ 봉건제 : 왕이 여러 제후에게 토지를 나누어 주어 각자 다스리게 하는 제도.

4) 춘추 전국 시대

　기원전 8세기에 들어 주나라는 유목 민족의 침입으로 수도를 동쪽의 뤄양으로 옮겼다. 이때 주나라의 제후들이 각각 독립하면서 여러 나라를 세웠다. 이 시기를 '춘추 전국 시대'라고 한다. 춘추 전국 시대에는 철기가 보급되어 농업 생산력이 크게 향상되었고, 상업과 수공업이 발달하였다. 또 철제 무기의 사용으로 전쟁의 규모가 커지고 더욱 치열해졌다. 이때 등장한 유명한 학자들이 바로 유가 사상의 공자와 맹자, 도가 사상의 노자와 장자, 묵가의 묵자, 법가의 한비자 등으로, 이들을 '제자백가'라고 한다.

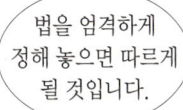
법을 엄격하게 정해 놓으면 따르게 될 것입니다.

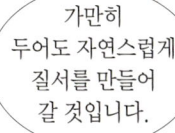
가만히 두어도 자연스럽게 질서를 만들어 갈 것입니다.

모든 사람을 사랑과 존중으로 대한다면 평화로워질 것입니다.

저마다의 위치에 맞게 행동하면 됩니다.

　　한비자　　　　노자　　　　　묵자　　　　　공자

5) 진나라의 중국 통일

　진나라의 시황제는 기원전 221년에 최초로 중국을 통일하였다. 법가 사상을 중심으로 엄격한 법을 적용하였고 나라마다 달랐던 문자, 화폐, 도량형을 하나로 통일하였다. 밖으로는 만리장성을 쌓기 시작하였다. 그러나 진나라는 가혹한 통치로 백성들의 원성을 샀고, 통일을 이룬 지 15년 만인 기원전 206년에 멸망하였다.

▲ 진시황릉 병마용

주몽과 온조는 어떤 나라를 세웠을까?

▶ **부여** : 기원전 1세기 무렵에 부여족이 북만주 일대에 세운 나라. 농경 생활을 주로 했고, 중국으로부터 철기 문화를 받아들이고 진보된 제도와 조직을 갖춤.

톡톡! 역사 — 부여의 영고(迎 맞이할 영, 鼓 북 고)란?

부여에서는 매년 12월에 모든 사람들이 모여 하늘에 제사를 지내고 며칠 동안 음식을 나눠 먹으며 노래를 하고 춤을 추는 영고라는 제천 행사가 열렸다. 축제 때 제사를 지내는 이유는 지난 농사에 대해 감사하고 농사가 잘되기를* 기원하기 위해서이다. '영고'라는 말에는 북을 치며 신령을 맞이하는 굿이란 뜻이 있다. 영고 때는 귀족들이 모여 나라의 중요한 일을 결정하였으며, 죄수들을 풀어 주기도 했다.

* **제천** : 하늘에 제사를 지냄.
* **기원** : 바라는 일이 이루어지기를 빎.

▶ **연맹 왕국** : 예전에, 여러 고을 국가들이 하나의 우두머리 국가를 중심으로 연맹체를 이룬 국가. 각 고을 국가는 스스로 운영되었음.

▲ 사출도

* **지방 분권** : 힘이 중앙 정부에 집중되지 않고 지방 자치 단체에 흩어져 있는 일.
* **추대** : 윗사람으로 떠받듦.

1책 12법이란 무엇일까?

1책 12법은 부여의 법으로, 〈삼국지〉 '위지동이전'에 나타나 있다. 부여의 법률은 매우 엄하여 사람을 죽인 자는 사형에 처하고 그 가족을 노비로 삼았다. 아내의 질투가 심해도 사형에 처했다. 도둑질을 한 사람은 12배를 갚게 하였다. 부여에서는 이 법을 통해 사유 재산제를 보장하고 지배 질서를 유지할 수 있었다.

여자가 살기 힘든 세상!

---

* **말** : 부피의 단위. 곡식, 액체, 가루 따위의 부피를 잴 때 씀. 한 말은 약 18L.
* **사유 재산** : 자유의사에 따라 관리·사용·처분할 수 있는 재산.

* 풍습 : 풍속과 습관을 아울러 이르는 말.
* 마부 : 말을 부려 마차나 수레를 모는 사람.

▶ 하백(알 수 없음) : 고구려의 시조인 주몽의 외할아버지. 전설상의 인물로, 주몽의 어머니 유화가 해모수와 정을 통하자 이를 벌하여 태백산 남쪽으로 내쫓았다고 함.

▶ **금와왕(알 수 없음)** : 동부여의 왕. 사람이 알에서 탄생하였다는 설화상의 인물로, 유화를 아내로 맞아 고구려의 시조 주몽을 낳게 하였음.

*백발백중 : 백 번 쏘아 백 번 맞힌다는 뜻으로, 총이나 활 따위를 쏠 때마다 겨눈 곳에 다 맞음을 이르는 말.

▶ **유화 부인(알 수 없음)** : 고구려 시조 동명성왕의 어머니. 하백의 딸로, 동부여 왕 금와의 궁궐에서 갇혀 있다가 큰 알을 낳았는데 이 알에서 주몽이 태어났다는 전설이 있음.

* 필 : 말이나 소를 세는 단위.
* 표현 : 생각이나 느낌 따위를 언어나 몸짓 따위의 모양으로 드러내어 나타냄.

* 징조 : 어떤 일이 생길 기미.
* 탈출 : 어떤 상황이나 구속 따위에서 빠져나옴.

* 간절하다 : 마음속에서 우러나와 바라는 정도가 매우 강함.
* 주시 : 어떤 목표물을 집중해서 봄.

* 군사 : 군인이나 군대를 이르던 말.
* 이동 : 움직여 옮김.

128 ▶졸본 : 고구려의 시조 동명성왕이 수도로 정한 곳. 고구려의 다섯 부족 가운데 계루부가 있던 곳으로, 〈삼국사기〉의 고구려 본기에 전함.

그러자 강물에서 물고기와 자라들이 떠올라 다리를 만들어 주었고, 강을 건너자 물고기와 자라들이 곧바로 흩어졌어.

주몽은 강을 건넌 후에 남쪽으로 내려오다 재사, 무골, 묵거란 사람을 만났지.

함께 새로운 나라의*기틀을 잡읍시다!

주몽*일행은 이들과 함께 이곳 졸본 땅으로 왔어.

여기에 도읍을 정합시다.

오! 너희들은 부여 왕궁의 마부들 아니냐?

앗! 주몽 오빠!

무사했구나! 오늘 나는 여기에 새로운 나라를 세울 것이다.

와, 멋있어요!

* **기틀** : 어떤 일의 가장 중요한 계기나 조건.
* **일행** : 함께 길을 가는 사람들의 무리.

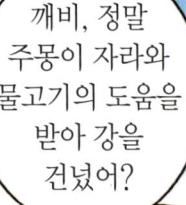

 톡톡! 역사

주몽은 결혼을 통해 고구려를 세웠다고?

역사책으로 전해져 오는 주몽의 고구려 건국 이야기 중에는 주몽이 결혼을 통해 고구려를 건국했다는 이야기가 있다. 주몽 일행이 졸본 땅에 왔을 때, 졸본 부여라는 부족 국가가 있었다. 졸본 부여의 왕은 주몽이 특별한 사람이라는 것을 한눈에 알아보고 자신의 딸과 결혼시켰다고 한다. 주몽의 결혼에 대한 또 다른 설은 아들 두 명이 있는 소서노라는 여인과 결혼했다는 이야기이다. 소서노와 결혼했다는 이야기에서는 주몽이 왕비 소서노의 도움을 받아 주변의 작은 부족들을 하나 둘 정복하여 고구려를 세웠다고 한다. 소서노는 졸본 부여의 5부족 가운데 하나인 계루부의 공주였다. 북부여의 왕 해부루의 손자인 우태와 혼인했다가, 우태가 죽자 주몽을 만나게 되었다고 한다.

* **선포** : 세상에 널리 알림.
* **위엄** : 점잖고 엄숙함.

▶ **고구려** : 우리나라 고대의 삼국 가운데 동명성왕 주몽이 기원전 37년에 세운 나라. 광개토대왕 때에는 한반도 남부에서 요동 지방까지 차지함.

옥저와 동예는 어떤 나라였을까?

옥저와 동예는 왕이 없는 대신 부족들이 필요할 때 힘을 모으는 연맹 형태의 나라였다. 나라 안의 부족들은 읍군·삼로라고 불리는 군장들이 다스렸다. 옥저는 땅이 기름져서 농사가 잘되었고 바다와 가까워서 생선과 소금 등 해산물이 풍부했다. 또한 어린 여자아이를 데려다 키워 며느리를 삼는 민며느리제와 한 가족의 뼈를 함께 매장하는 가족 공동 묘가 있었다. 동예는 각 부족이 소유한 땅에 다른 부족의 출입을 막는 책화라는 벌이 있었다. 또한 같은 씨족끼리는 혼인을 하지 않았으며, 농사가 끝나고 매년 음력 10월에 하늘에 제사를 지내고 밤낮으로 술을 마시며 노래와 춤을 즐기는 무천이라는 의식이 있었다. 또한 동예는 작은 몸집에 비해 힘이 센 말인 과하마와 단궁이란 활이 유명했다.

▶ **군장** : 원시 부족 사회의 우두머리.
▶ **책화** : 동예에서, 마을의 경계를 침입하였을 때에 노예·소·말 따위로 물어주던 벌.

▶ **비류국** : 기원전 1세기 무렵에 중국 지린성의 훈장강 유역에 있던 부족 국가. 고구려 초기에 합해짐.

* **표적** : 목표로 삼는 물건.
* **기왓장** : 기와의 낱장.

▶ **행인국** : 고구려의 건국을 전후하여 백두산 남동쪽에 있던 고대 국가.
▶ **북옥저** : 옥저의 북쪽에 있던 나라. 지금의 함경북도에 있었음.

* 태자 : 임금의 자리를 이을 임금의 아들.
* 왕위 : 임금의 자리.

* **결혼** : 남녀가 정식으로 부부 관계를 맺음.
▶ **소서노** : 백제의 건국 시조 비류와 온조의 어머니.

▶유리(재위 기원전19~기원후18년) : 고구려 2대 왕. 왕에 오른 지 3년째에 도읍을 국내성으로 옮김.

▶ 비류(알 수 없음) : 고구려 동명성왕의 아들. 아우 온조와 함께 고구려를 떠나 미추홀에 도읍을 정하였으나 살 곳이 못 되어 백성이 흩어지니, 스스로 목숨을 끊음.

▶온조(재위 기원전18~기원후28년): 위례성에 도읍을 정하고 백제를 세움. 기원전 5년에 도읍을 남한산으로 옮기고, 9년에는 마한과 합해 국토를 넓힘.

▶ 미추홀 : 고구려 때, 인천광역시 일대의 이름. 고구려의 시조인 주몽이 유리를 태자로 삼자, 떠나온 형 비류가 세운 백제 초기의 도읍지.

▶ 위례성 : 백제 초기의 도읍지. 온조왕이 남쪽으로 내려와 이곳에 도읍을 정했다고 함.
▶ 십제 : 백제의 초기 나라 이름.

▶ 백제 : 삼국 시대에, 한반도 서남부에 있던 나라. 기원전 18년에 온조왕이 위례성에 도읍하여 세운 뒤 한강 유역을 중심으로 발전하였음.

"목지국의 마한 왕이 100리 땅을 내주어서 우리가 나라를 세울 수 있었잖아. 우리는 마한을 이끄는 목지국 왕께 잘해야 한다."

"여기서 잠시 기다려라."

"깨비, 마한은 어떤 나라야?"

"한반도 남쪽에 있던 삼한 중 한 나라야. 여러 작은 나라들이 모인 연맹 국가지."

"여긴 백제의 보물 창고?"

"그럼 백제도 작은 나라로 출발한 거야?"

"맞아. 그러다 백제 세력이 커지면서 온조는 마한을 공격하였어. 결국 마한은 백제에게 땅을 빼앗기고 남쪽으로 물러났지."

톡톡! 역사

삼한은 어떤 나라였을까?

삼한은 삼국 시대 이전에 한반도 중남부 지방에 있던 작은 나라들의 연맹체인 마한, 진한, 변한을 말한다. 마한 연맹체는 목지국을 중심으로 한강 유역부터 전라도와 충청도 지역에 있는 54개의 작은 나라들로 구성되었다. 진한은 사로국을 중심으로 경상북도 지역에 있는 작은 나라 12개로 구성되었으며, 변한은 구야국을 중심으로 경상남도 지역에 있는 작은 나라 12개로 구성되었다. 각 연맹체의 왕은 없었지만 연맹체 중에서 가장 큰 나라의 왕이 연맹체를 이끌었다. 특히 목지국은 마한뿐만 아니라 삼한을 통틀어 가장 큰 나라였다.

"마한, 진한, 변한이 삼한이야."

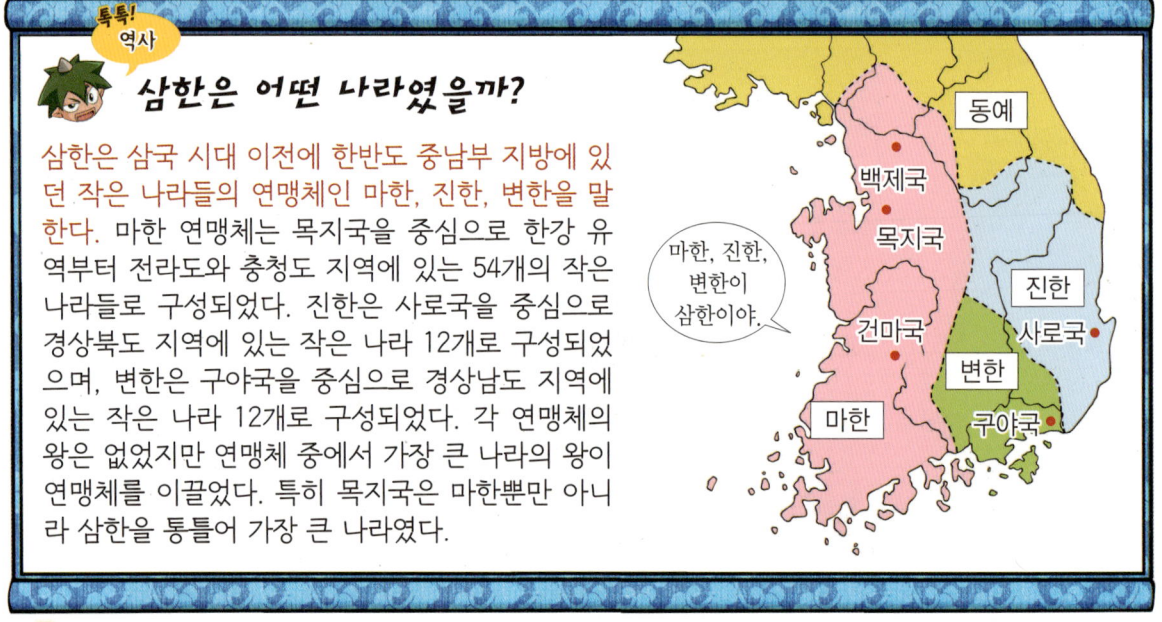

▶ **마한** : 고대 삼한 가운데 경기도, 충청도, 전라도 지방에 걸쳐 있던 나라. 54개의 부족 국가로 이루어졌는데 뒤에 백제에 합해짐.

▶ **목지국** : 마한에 속한 나라. 그 우두머리를 진왕이라고 하였으며 충청남도 직산 지역에 있었던 것으로 추정됨.

한국사 핵심 노트

기원전 1세기경의 우리나라 역사를 정리해 보자.

🟢 초기 철기 시대의 국가

1) 부여

부여는 고조선에 이어 가장 먼저 세워진 나라로, 농업과 목축이 발달하였다. 왕은 중앙을 다스리고, 가축의 이름을 딴 마가, 우가, 저가, 구가 등의 여러 군장이 자기의 영역을 다스렸다. 매년 12월에는 '영고'라는 제천 행사를 열었다. 왕이 죽으면 노비나 신하 등을 같이 묻는 순장 풍습이 있었고, 남의 물건을 훔친 자는 물건 값의 12배로 갚게 하였다.

▲ 초기 여러 나라의 성장

2) 고구려

부여에서 내려온 주몽이 압록강 중류에 자리를 잡고 고구려가 새로 발전할 수 있는 기틀을 마련했다. 또 고구려에서는 매년 10월에 '동맹'이라는 제천 행사를 열었다. 풍습 중에서는 혼인한 신랑이 신부 집에서 살다가 자식이 크면 다시 신랑 집으로 돌아가는 '데릴사위제(서옥제)'라는 혼인 풍습이 전해진다.

고구려가 산악 지역이어서 그런가?

고구려는 농토가 부족해서 주변 지역을 정복했대.

3) 옥저와 동예

강원도 동해안의 옥저에는 읍군, 삼로라고 불리는 군장들이 백성을 다스렸다. 여자아이를 데려와 기른 후에 며느리로 삼는 '민며느리제'라는 혼인 풍습이 있었고, 가족이 죽으면 임시로 매장하였다가 나중에 그 뼈를 추려서 함께 넣어 가족 공동 무덤을 만들었다. 동예에는 같은 씨족끼리는 결혼하지 않는 '족외혼' 풍습이 있었으며, 다른 부족의 영역에 침범하면 노비나 소, 말 등을 물게 하는 '책화'라는 풍습이 있었다. 또 해마다 10월에는 '무천'이라는 제천 행사를 열었다.

4) 삼한

고조선이 멸망한 후 한반도 남쪽 지역에 마한, 진한, 변한의 삼한이 성립하였다. 삼한의 여러 소국에는 군장인 신지, 읍차 외에 제사장인 천군이 있어 신성한 구역인 소도를 다스렸다. 삼한은 제사와 정치가 분리된 사회였다. 삼한에서는 일찍부터 벼농사가 발달하였고, 씨를 뿌리는 5월과 추수하는 10월에는 하늘에 제사를 지냈다. 변한에서는 철을 한의 군현, 왜 등으로 수출하였다.

궁금해요! 고구려와 백제의 무덤 양식은 왜 비슷한가요?

계단식으로 돌을 쌓아 만든 백제 초기의 계단식 돌무지무덤은 고구려의 초기 무덤 형태와 매우 비슷하게 생겼어. 〈삼국사기〉를 살펴보면 고구려를 세운 주몽의 아들 온조가 고구려를 떠나 백제를 세웠다는 백제 건국 신화가 등장해. 고구려와 백제의 무덤 양식을 비교해 보면 고구려를 떠난 사람들이 내려와 백제를 세웠다는 신화 내용이 맞는 것 같아.

▲ 백제 계단식 돌무지무덤

▲ 고구려 장군총

147

세계사 핵심 노트

같은 시기 인도와 일본에 대해 정리해 보자.

⬠ 인도의 인더스 문명

1) 문명의 시작과 발달

기원전 2500년경 인더스 강 중류 지역에서는 농경과 목축이 발달하였고, 청동기를 사용하였다. 인더스 문명은 하라파와 모헨조다로를 중심으로 발달하였는데, 목욕탕, 회의장, 창고, 상하수도 시설 등 공공시설이 잘 갖추어져 있었다. 모헨조다로에서는 교역에 사용된 것으로 추정되는 많은 도장이 발견되었는데, 도장에는 그림이 있는 문자가 새겨져 있다. 이 문자는 아직 해독되지 못하고 있다.

▲ 그림 문자가 새겨진 모헨조다로의 인장

2) *아리아인의 이동

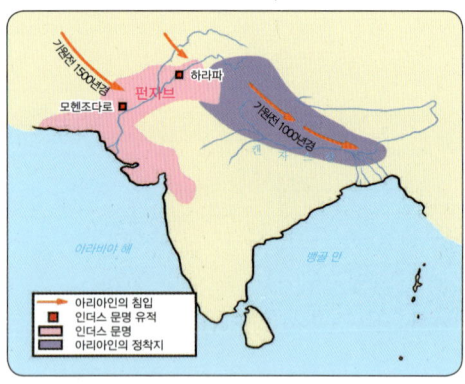
◀ 아리아인의 이동 경로

기원전 1500년경 중앙아시아로부터 이동한 아리아인은 하라파와 모헨조다로의 원주민을 대신해 새로운 문화를 발전시켰다. 아리아인은 기원전 1000년경에 다시 동쪽 갠지스 강 쪽으로 세력을 넓혀 철기 문화를 바탕으로 작은 나라들을 세웠다.

3) 카스트 제도의 성립

아리아인들은 하늘, 땅, 비, 바람 등을 신으로 섬기는 다신교를 믿었는데, 이를 바탕으로 브라만교가 성립되었다. 사제인 브라만은 복잡한 종교 의식을 만들어 지위를 유지하였다. 브라만을 중심으로 한 '카스트제'라는 엄격한 신분제는 지금도 인도 사회에 큰 영향을 미치고 있다.

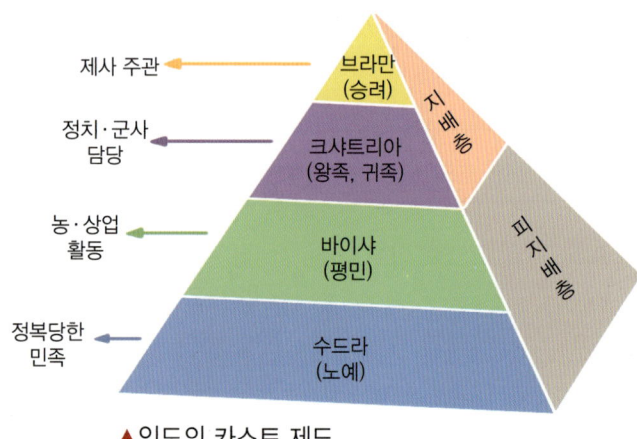
▲ 인도의 카스트 제도

*아리아인 : 인도·유럽 어족에 속하는 인종을 통틀어 이르는 말.

4) 카스트 제도에도 속하지 못한 불가촉천민

인도에는 브라만, 크샤트리아, 바이샤, 수드라의 4계급에도 속하지 못한 '불가촉천민'이 있다. 불가촉천민은 접촉할 수 없는 천민이라는 뜻으로, 가장 낮은 신분의 사람들을 이르는 말이다. 이들은 브라만이 밥을 먹는 것을 보면 안 되며, 낮에만 돌아다니고 마을 밖에서 살아야 한다. 다른 계급과 접촉을 하게 되면 사형을 당할 수도 있다.

일본의 고대 문명

1) 조몬 시대

일본은 약 1만 년 전부터 토기를 사용하였다. 이 토기에는 노끈 무늬가 새겨져 있는 것이 많다. 이 때 생긴 모양 때문에 이 토기를 조몬이라 불렀고, 이 시대를 '조몬 시대'라고 한다. 조몬 시대의 사람들은 나무 열매를 채집하거나 사냥, 원시적 농경을 하였다고 알려졌다.

2) 야요이 시대

기원전 300년 무렵부터는 중국과 한반도에서 전해진 청동기와 철기가 사용되고 벼농사가 시작되었다. 벼농사가 시작된 시대를 '야요이 시대'라고 한다. 이후 일본 각지에는 '왜'라고 불리는 여러 소국이 나타나 서로 대립하기 시작하였다.

▲ 조몬 토기

3) 야마토 정권

4세기 무렵에는 야마토 정권이 나타나 여러 소국을 통합하며 성장하였다. 야마토 정권은 일본 최초의 통일 정권이다.

*조몬(じょうもん, 繩文) : 새끼줄 무늬를 뜻하는 일본어.

5장 기원전 69년경 ~ 기원후 199년경

박혁거세와 수로왕은 어떤 나라를 세웠을까?

▶ **진한** : 삼한 가운데 경상북도를 중심으로 한 동북부 지역에 있던 12국. 4세기 중엽에 진한 12국 가운데 하나인 사로국에게 망하여 신라에 합해짐.

삼한 사람들은 어떤 농작물을 길렀을까?

삼한은 날씨가 따뜻하고 땅이 기름져서 오래 전부터 농사가 발달했다. 특히 철기가 *도입된 후에는 철로 만든 낫이나 괭이와 같은 철제 농기구가 발달하면서 이전보다 수확량이 더 많아졌다. **삼한에서는 보리, 콩, 조, 수수 등과 같이 밭에서 나는 *작물도 길렀지만 벼농사도 매우 발달했다.** 벼농사에는 물이 많이 필요한데, 물을 대기 위해 저수지를 만들었다. 김제의 벽골제, 제천의 의림지, 밀양의 수산제 등의 오래된 저수지들이 그때 만들어진 저수지들이다. 삼한 사람들은 씨앗을 뿌리는 5월과 농사가 끝나는 10월에 제사를 지내고 축제를 열었다.

▲제천 의림지

* **도입** : 기술, 방법, 물자 따위를 끌어 들임.
* **작물** : 논밭에 심어 가꾸는 곡식이나 채소.

▶ **변한** : 삼한의 하나. 경상도의 서남 지방에 십여 개의 소국으로 이루어졌으며, 후에 가야로 발전하였고 농업과 누에치기를 주로 하였음.

* 터전 : 살림의 근거지가 되는 곳.
* 신성하다 : 함부로 가까이할 수 없을 만큼 고상하고 위대하다.

톡톡! 역사
소도는 어떤 곳일까?

삼한은*제정 분리의 사회로, 나라를 다스리는 우두머리와 하늘 신에게 제사를 지내는 제사장이 각각 있었다. 그래서 제사장인 천군이 지배하는 지역이 따로 있었는데, 이 지역을 소도라고 한다. 천군은 이 소도에 머물며 하늘 신에게 제사를 지냈고, 사람들은 소도를 찾아가 하늘 신에게 기도를 했다. 소도 앞에는 큰 나무에 북과 방울을 매달고 솟대를 세워 천군이 머무르는 신성한 지역임을 알렸다. 소도는 신성한 곳이기 때문에 죄인이 들어와도 잡아갈 수 없었다. 이 전통이 남아 지금도 마을 입구에 큰 나무를 심거나 솟대를 세우는 풍습이 전해져 오고 있다.

▲ 솟대

* **제정** : 제사와 정치를 아울러 이르는 말.
▶ **천군** : 삼한에서, 소도를 지배하며 하늘에 제사를 지내는 사람.

* 대표자 : 전체를 대표하는 사람.
* 도읍 : 한 나라의 수도. 또는 수도를 정함.

* 촌장 : 한 마을의 우두머리.
* 개울 : 골짜기나 들에 흐르는 작은 물줄기.

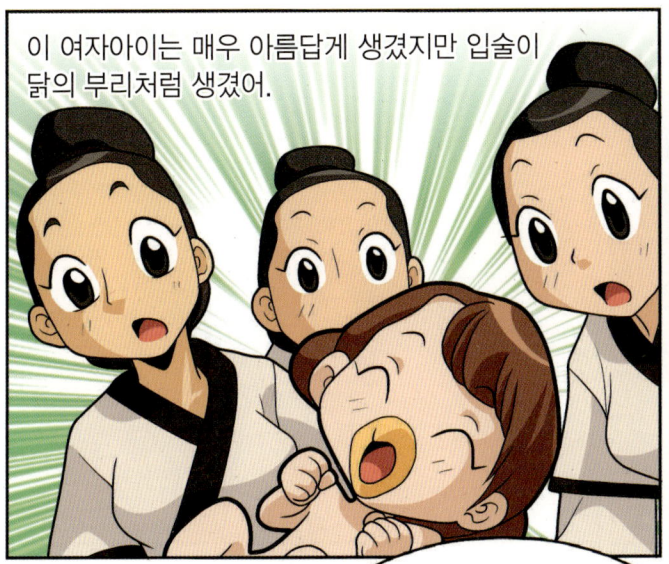

* **왕실** : 임금의 집안.
▶ **사로국** : 진한에 속한 나라. 경상북도 경주시 유역에 있었던 것으로 추정됨.

158 ▶박혁거세(재위 기원전57~기원후4년) : 신라의 시조. 왕호는 거서간. 13세에 왕위에 올라 재위 17년에 전국을 돌며 농사와 누에치기를 장려하였음.

▶ 마한 : 고대 삼한 가운데 경기도, 충청도, 전라도 지방에 걸쳐 있던 나라. 54개의 부족 국가로 이루어졌는데 뒤에 백제에 합해짐.

* **부강** : 부유하고 강함.
* **관련** : 둘 이상의 사람, 사물, 현상 따위가 서로 관계를 맺고 있음.

* **대부분** : 절반이 훨씬 넘어 전체량에 거의 가까운 정도의 양.
* **후손** : 자신의 세대에서 여러 세대가 지난 뒤의 자녀를 통틀어 이르는 말.

▶ **이사금** : 신라 때에, 임금의 칭호 중 하나. 이가 많은 사람, 즉 나이 많은 이가 지혜로운 사람이라는 말에서 유래함. 3대 유리왕 때부터 18대 실성왕 때까지 썼다고 전해짐.

▶ 차차웅 : 신라 남해왕의 칭호. 제사장을 뜻하는 말로, 제정일치 시대의 지배자를 나타냄.
* 괴상 : 보통과 달리 괴이하고 이상함.

* **관직** : 공무원 또는 관리가 국가로부터 받은 일정한 직무나 직책.
* **덕망** : 어질고 너그러운 행동으로 얻은 유명세.

툭톡! 역사
신라 왕에 오른 성씨는 모두 몇 개일까?

유리 이사금 때부터 박혁거세의 후손인 박씨와 석탈해의 후손인 석씨가 교대로 신라의 왕위에 올랐다. 13대 미추왕 때는 숲속에서 가져온 궤에서 나왔다는 김알지의 후손이 왕위에 올랐다. 그때부터 박씨, 석씨, 김씨, 모두 세 개의 성씨가 교대로 왕의 자리에 오르며 신라를 다스리다가 17대 내물왕 때부터 김씨가 왕위를 독차지하였다.

* 추측 : 미루어 생각하여 헤아림.
* 궤 : 물건을 넣도록 나무로 네모나게 만든 그릇.

165

* **권위** : 남을 지휘하거나 통솔하여 따르게 하는 힘.
* **상징** : 추상적인 개념이나 사물을 구체적인 사물로 나타냄.

* 탄생 : 사람이 태어남.
* 포장 : 물건을 싸거나 꾸림.

* **척하다** : 행동이나 상태를 거짓으로 그럴듯하게 꾸밈을 나타내는 말.
* **옥** : 죄인을 가두어 두는 곳.

▶ **금관가야** : 여섯 가야 가운데 지금의 김해 땅에 있었던 나라. 42년에 수로왕이 건국하였다고 하며, 532년에 신라에 합해짐.

▶수로왕(재위 42~199년) : 가야의 시조. 하늘로부터 김해의 구지봉에 내려와 여섯 가야를 세웠다는 여섯 형제의 맏이로, 김해 김씨의 시조.

▶ 아도간 : 아홉 간 중 하나. 〈삼국유사〉에서 전해짐.
* 신물 : 신기하고 묘한 물건.

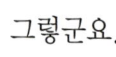

톡톡! 역사

가야 연맹체가 생겨난 이유는 무엇일까?

삼한 중 하나인 변한에는 12개의 작은 나라가 자리를 잡고 있었는데, 사회가 발전하면서 나라들이 서서히 합쳐지기 시작했다. 하지만 변한의 가장 강한 나라라고 하더라도 다른 작은 나라를 완전히 *흡수할 수 있는 힘은 없었다. 그래서 6개의 나라가 서로 힘을 뭉치는 연맹 관계를 맺게 되었다. 이것을 가야 연맹체라고 한다. 변한의 12개국 중 세력이 가장 컸던 김해 지역의 구야국이 금관가야로 발전하여 가야 연맹체를 주도하였고, 고령의 대가야, 함안의 아라가야, 함창의 고령가야, 성주의 성산가야, 고성의 소가야가 가야 연맹체로 뭉쳤다.

172

* **유역** : 강물이 흐르는 언저리.
* **연맹체** : 공동의 목적을 가진 단체나 국가가 서로 돕고 행동을 함께 할 것을 약속한 집단.

* [172쪽] 흡수 : 외부에 있는 사람이나 사물 따위를 내부로 모아들임.
▶ 덩이쇠 : 가운데로 갈수록 잘록해지는 쇠판. 삼국 시대 무덤에서 주로 나옴.

▶ **낙랑** : 한사군 가운데 청천강 이남 황해도 일대에 있던 행정 구역.
▶ **대방** : 중국 후한 때에, 공손강이 옛 진번 땅에 설치한 군.

▶ 석탈해(재위 57~80년) : 신라의 4대 왕. 국호를 계림이라고 하였고, 일본과 가까이 지내면서 백제·가야와 자주 싸움을 벌였음.

* 척 : 배를 세는 단위.
* 시중 : 옆에 있으면서 여러 가지 심부름을 하는 일.

* [176쪽] 마찰 : 의견이 서로 다른 사람이나 집단이 충돌함.
* 절호 : 무엇을 하기에 기회가 더할 수 없이 좋음.

* 현재 : 지금의 시간.
* [179쪽] 감격 : 마음에 깊이 느끼어 크게 감동함.

* 완수 : 뜻한 바를 다 해냄.
* 시공 : 시간과 공간을 아울러 이르는 말.

2권에 계속됩니다.

한국사 핵심 노트

1세기경 가야의 역사를 정리해 보자.

🔶 전기 가야 연맹의 성립

1) 수로왕과 가야 연맹

아직도 나라가 없던 시절, 가락 지역에 하늘의 명을 받아 9간과 부족원 수백 명이 구지봉에 올라 제사를 지내자, 하늘로부터 붉은 보자기에 싸인 금빛 그릇이 내려왔다고 한다. 그 속에는 6개의 알이 들어 있었는데 그중 가장 먼저 태어난 아이를 '수로'라 하고 금관가야의 왕으로 모셨다고 한다.

▲ 김수로 왕릉

2) 금관가야의 발전

낙동강 하류 유역에 있는 변한의 여러 소국은 각기 독립성을 유지하며 가야 연맹을 형성하였다. 김수로가 세운 금관가야가 초기의 가야 연맹을 주도하였다. 금관가야가 자리 잡은 김해 지역은 농사에 유리하였으며 질 좋은 철이 많이 생산되었다.

▲ 가야 연맹 지도

3) 금관가야와 전기 가야 연맹의 쇠퇴

금관가야는 여러 차례 낙동강 동쪽으로 세력 확대를 꾀하였으나 신라에 가로막혔다. 가야는 왜와 긴밀한 관계를 맺고 신라를 견제하였으나, 신라를 돕기 위해 진출한 고구려군의 공격을 받아 *쇠퇴하였다. 이에 따라 전기 가야 연맹이 해체되고 고령의 대가야를 중심으로 후기 가야 연맹이 발전하게 되었다.

삼환령은 말방울로, 둥근 고리에 작은 방울이 세 개 붙어 있어서 지어진 이름이야.

▲ 말을 장식하였던 가야의 청동 삼환령과 말띠 드리개

* **쇠퇴**: 기세나 상태가 쇠하여 전보다 못함.

🟢 후기 가야 연맹의 발전과 멸망

1) 대가야의 발전

고령 지역의 대가야는 경상도 내륙 지방이었기 때문에 고구려의 침략 때 피해를 입지 않았다. 고령 지역은 농사에 유리한 조건을 갖추었고, 질 좋은 철이 풍부하게 생산되었다. 대가야는 중국에 사신을 보내 교류하며 발전하였으나 백제와 신라의 압박으로 점차 세력이 약화되었다.

▲고령에서 출토된 금관과 장신구

▲고령에서 출토된 부속 금제품

2) 가야 연맹의 멸망

가야는 강한 두 국가인 백제와 신라 사이에서 *중앙 집권 국가로 성장하지 못하고 연맹 왕국 단계에 머물렀다. 금관가야는 532년 신라 법흥왕 때 멸망하였고, 대가야는 562년 신라 진흥왕의 침략에 멸망하였다. 나머지 가야 소국들도 모두 신라에 복속되었다.

3) 가야가 주변국에 끼친 영향

가야는 풍부한 철을 바탕으로 주변 여러 지역과 교류하였다. 가야의 토기는 일본 고대 스에키 토기에 영향을 주었다.

▲바퀴 모양 토기

▲기마 인물형 각배

▲오리 모양 토기

*중앙 집권 국가 : 고대에 왕을 중심으로 하여 통치 권력이 집중되는 국가 형태로 연맹 왕국에서 발전하였음.

세계사 핵심 노트

중국, 일본, 로마의 신화를 정리해 보자.

⬠ 다른 나라의 신화

1) 중국의 창세 신화

① 반고 신화

아주 먼 옛날, 하늘과 땅은 구분이 되지 않는 커다란 별이었다고 한다. 그런데 '반고'라는 천자가 나타나 엄청나게 큰 도끼로 그 별을 찍어 둘로 쪼갰다. 그러자 가벼운 쪽은 하늘이 되었고, 무거운 쪽은 땅이 되었다. 반고는 하늘을 이고 서 있는 거인이 되었다. 반고가 죽자 몸의 각 부분이 해, 달, 별, 산, 강, 초목 등으로 변했다. 이것이 반고의 *천지개벽 신화이다.

② 여와 신화

인류를 창조한 여신, 여와는 황토를 반죽해 사람의 모양을 빚고, 그 안에 생명을 불어넣었다. 그리고 남녀가 결혼하여 아이를 낳고 기르는 제도를 만들었다. 인간을 창조한 여와씨와 함께 복희씨와 신농씨는 '전설의 3황(三皇)'이라고 불린다. 복희씨는 사람들에게 물고기 잡는 법을 가르쳐 주었으며, 신농씨는 농사법을 가르쳐 주었다.

▲ 하늘을 이고 있는 반고

＊천지개벽 : 원래 하나였던 하늘과 땅이 서로 나뉘면서 이 세상이 시작되었다는 중국 고대의 사상에서 나온 말.

2) 일본의 건국 신화

① 이자나기와 이자나미

하늘과 땅이 처음 생겨난 때, 남매 신 이자나기와 이자나미가 나타났다. 둘은 결혼하였는데 이자나미가 불의 신을 낳다가 죽자 그녀를 그리워한 이자나기가 황천국을 찾아갔다. 하지만 이자나기는 추하게 변한 이자나미의 모습을 보고 놀라 달아났다. 이자나기가 강으로 가 왼쪽 눈을 씻자 태양의 신 아마테라스가, 오른쪽 눈을 씻자 달의 신 쓰쿠요미가, 코에서는 바다와 저승의 신 스사노오가 탄생하였다.

> 그리스 신화의 오르페우스와 에우리디케 이야기와 비슷해.

▲이나자기와 이자나미

② 일왕의 탄생

이들 중 태양의 신 아마테라스의 손자가 하늘에서 내려와 일본 땅을 다스렸고, 그 지역 신의 딸과 결혼하여 세 아들을 낳았다. 그중 막내는 바다 신의 나라로 갔다가 바다 신의 딸과 결혼하였다. 얼마 후 아들이 태어났는데, 그가 일본의 첫 왕인 '진무'라고 한다.

3) 로마의 건국 신화

미의 여신 아프로디테의 후손인 아물리우스는 형의 딸인 실비아와 전쟁의 신 마르스의 아들인 로물루스와 레무스를 죽이려 했다. 둘은 살아남아 늑대의 젖을 먹고 자라다가 인간의 손에 자라게 되었다. 로물루스와 레무스는 아물리우스를 물리친 후 새 나라를 건국하기 위하여 서로 다투었다. 마침내 로물루스가 동생을 죽이고 로마를 건국하였다. 오늘날까지 남아 있는 '로마'라는 이름은 그의 이름을 딴 것이라 한다.

▲늑대의 젖을 먹고 있는 로물루스와 레무스

도전! 역사 퀴즈

스마트폰으로 QR코드를 찍으면 보다 다양한 모바일 역사 게임을 만날 수 있습니다.

1번 ✏️ 38쪽, 41쪽, 44쪽, 63쪽, 77쪽, 132쪽을 참고하세요.

Q. 아라가 가로세로 퍼즐을 푸는 데 어려움을 겪고 있습니다. 아라를 도와 퍼즐을 풀어 보세요.

		①		인	돌	
		조				
		② 선	②		사	상
				무		
③ 빗	살	③		늬		
		천				

씩씩한 나도 역사 퀴즈는 너무 어렵다!

가로 열쇠 🔑
① 청동기 시대의 대표적 무덤 양식으로, 지배자의 권위를 보여 주는 무덤은?
② 단군 이야기에서 환웅이 하늘의 자손이라는 것을 말하며 ○○○○을 내세웠다.
③ 신석기 시대의 대표적인 토기는 ○○○○ 토기이다.

세로 열쇠 🔑
① 단군이 세운 나라로, 한반도에서 생겨난 첫 국가 이름은?
② 청동기 시대에 많이 만든 토기는 특별한 무늬가 없는 ○○○ 토기이다.
③ 강원도 해안가에 있었던 나라 동예에서 10월에 행해진 제천 행사 이름은?

2번 78쪽, 79쪽, 86쪽, 147쪽, 148쪽을 참고하세요.

Q. 아라에 이어 누리도 가로세로 퍼즐에 도전하려고 합니다. 누리를 도와 퍼즐을 풀어 보세요.

	① 브		② 신		③ 피				④ 쐐
	라		② 구		라	트			기
① 위							③ 갑	골	
						드			자

가로 열쇠 🔑

① 중국에서 들어와서 고조선의 준왕을 몰아내고 왕위를 차지한 사람은?
② 메소포타미아의 수메르인들이 도시 가운데에 세운 신전은?
③ 옛 중국 상나라에서 점을 친 결과를 거북의 배딱지나 소뼈에 기록한 것으로, 뒤에 한자로 발전한 것은?

세로 열쇠 🔑

① 인도 카스트의 가장 높은 계층으로 제사를 주관하였으며, 이들을 중심으로 자연 현상을 신처럼 여기는 ○○○교가 성립되었다.
② 읍차와 함께 삼한의 여러 소국에서 군장을 부르는 이름은?
③ 이집트에서 파라오의 미라를 보존하기 위해 만든 거대한 삼각형의 건축물은?
④ ○○○○는 메소포타미아의 문자로, 말랑말랑한 점토판에 뾰족한 펜으로 새겨 쓴 것이 전해진다.

도전! 역사 퀴즈

3번 ✏️ 50쪽을 참고하세요.

Q. 아라가 어떤 인류에 대해 설명하고 있습니다. 다음과 같은 특징을 가진 인류에 해당하는 것을 골라 보세요. 답 (   )

- 현재 인류의 조상으로 생각되어짐.
- 프랑스의 크로마뇽인이 유명함.
- 우리나라에서는 흥수아이 등이 발견됨.

나와 같은 인류를 찾아 줘!

① 호모 사피엔스
② 호모 에렉투스
③ 호모 네안데르탈렌시스
④ 오스트랄로피테쿠스 아파렌시스

4번 51쪽을 참고하세요.

Q. 누리가 선사 시대 사진들을 모아 보았습니다. 아래의 유물들 중 구석기 유물에 해당하는 것을 골라 보세요. 답 (   )

①
주먹 도끼

②
빗살무늬 토기

③
청동 거울

④
갈돌과 갈판

⑤
고인돌

5번 51쪽을 참고하세요.

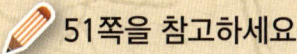

Q. 누리가 사회 시간에 수행 평가로 다음과 같은 과제를 받았습니다. 다음 중 잘못된 내용은 무엇일까요?   답 (   )

> 사회 수행 평가 과제
> : 찰흙으로 빗살무늬 토기를 만들고, 그 토기를 사용한 시대에 대해 가상 일기 쓰기.

오늘은 아침부터 ① 아빠가 고기를 잡기 위해 사냥을 떠났다. 나는 잡아올 ② 고기를 보관하기 위한 그릇을 흙으로 빚어 예쁘게 빗살무늬를 새겨 넣었다. 누나들은 물고기를 잡으러 간다고 ③ 가락바퀴로 실을 뽑고 뼈바늘로 바느질을 해서 그물을 만들었다. 엄마는 ④ 밭에 씨를 뿌리러 나가신다며 돌을 뾰족하게 갈고 계셨다. 바쁜 하루였다. ⑤ 내일은 지난번에 돌아가신 족장님의 고인돌을 만들러 가야 한다. 일찍 자야겠다.

6번 49쪽을 참고하세요.

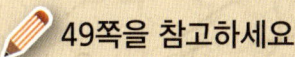

Q. 아라가 구석기 축제에 놀러 가려고 합니다. 이 축제에 놀러 가서 체험할 수 있는 활동은 무엇일까요?   답 (   )

① 밭에 씨를 뿌리고 갈아 보는 농경 체험을 한다.
② 돌을 뾰족하게 갈아서 사냥 도구를 만들어 본다.
③ 가락바퀴와 뼈바늘을 이용하여 옷을 만들어 본다.
④ 동굴과 바위 그늘 집 체험을 해 본다.

도전! 역사 퀴즈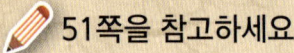

7번 ✏️ 51쪽을 참고하세요.

Q. 아라가 시대별로 도구를 분류하고 있습니다. 아래와 같이 변하면서 생겨난 가장 큰 변화는 무엇일까요?   답 (   )

뗀석기

→

간석기

① 농경이 시작되었다.
② 사냥을 하게 되었다.
③ 계급이 나뉘기 시작하였다.
④ 불을 사용하기 시작하였다.
⑤ 문자를 사용하기 시작하였다.

어떤 시대 인지를 먼저 생각해 봐!

8번 ✏️ 51쪽을 참고하세요.

Q. 누리가 어떤 시대 사람들의 생활 모습을 상상으로 그려 보았습니다. 어떤 시대를 그린 그림인지 골라 보세요.   답 (   )

빗살무늬 토기가 보이네?

① 구석기 시대   ② 신석기 시대   ③ 청동기 시대   ④ 철기 시대

9~10번 보기

다음 글을 읽고 물음에 답하세요.

옛날에 환인의 아들 환웅이 있어 자주 천하에 뜻을 두면서 인간 세상을 몹시 바라고 있었다. 아버지가 아들의 뜻을 알고 지상 세계를 두루 내려다보니 ㉠인간들에게 커다란 이익을 줄 만하므로 이에 천부인 세 개를 주고 내려보내 다스리게 하였다.
㉡환웅이 3천여 명의 무리를 거느리고 태백산 꼭대기 신단수 아래에 내려와 그곳을 신시라 이름하고 자신을 환웅 천왕이라 하였다. 그리고 ㉢바람과 비와 구름을 관장하는 자들을 거느려 곡식과 생명, 병과 형벌, 선과 악을 맡게 하고, 무릇 인간 세상의 360여 가지 일들을 주관하여 살면서 세상을 다스리고 교화하였다. 때마침 ㉣곰 한 마리와 호랑이 한 마리가 같은 굴에 살면서, 환웅에게 늘 사람으로 변하도록 해달라고 빌었다. 곰과 호랑이는 인간이 되기 위해 마늘과 쑥을 먹으면서 동굴 생활을 시작하였다. 곰은 21일 동안 조심하여 여자의 몸이 되었으나, 호랑이는 조심하지 못하여 사람이 되지 못하였다.
곰 여인은 혼인할 자리가 없었으므로 매번 신단수 아래에서 아이를 갖게 해 달라고 빌었다. 이에 ㉤환웅이 잠시 사람으로 변해서 그녀와 혼인하여 아들을 낳으니 이름을 (가)이라 하였다. 그는 평양성에 도읍하고 나라 이름을 (나)이라 일컬었다.

9번 77쪽을 참고하세요.

Q. 누리가 배운 내용을 복습하고 있습니다. ㉠~㉤을 해석한 것으로 잘못된 것을 골라 보세요.   답( )

① ㉠ : 널리 인간을 이롭게 한다는 홍익인간의 건국 이념을 담고 있다.
② ㉡ : 환웅이 하늘에서 내려왔다는 선민사상을 내세우고 있다.
③ ㉢ : 농사를 짓는 사회였음을 보여 주고 있다.
④ ㉣ : 동물을 자기 부족의 수호신으로 여기는 사상을 엿볼 수 있다.
⑤ ㉤ : 환웅 부족과 호랑이 부족의 결합을 의미한다.

10번 77쪽을 참고하세요.

Q. 누리를 도와 (가)와 (나)에 들어갈 알맞은 말을 써 보세요.

(가) _____

(나) _____

도전! 역사 퀴즈

11~13번 보기 다음 지도를 보고 물음에 답하세요.

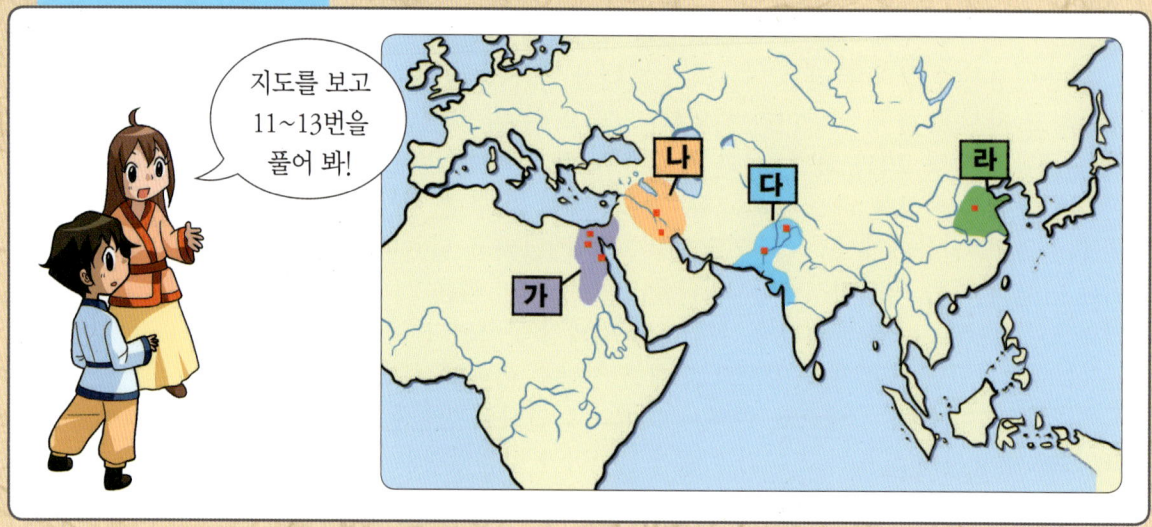

지도를 보고 11~13번을 풀어 봐!

11번 78쪽을 참고하세요.

Q. 아라가 세계 4대 문명에 대해 알아보고 있습니다. (가)~(라) 문명의 이름을 각각 써 보세요.

(가) _____ (나) _____
(다) _____ (라) _____

12번 112쪽을 참고하세요.

Q. (라) 문명에 대한 설명으로 옳은 것을 골라 보세요.   답 (   )

① 달의 움직임에 따른 태음력과 60진법을 사용하였다.
② 하라파와 모헨조다로라는 도시 문명을 중심으로 발달하였다.
③ 카스트라는 엄격한 신분제가 있어 지금까지 영향을 미치고 있다.
④ 점을 친 결과를 거북의 배딱지에 기록해 놓은 갑골문이 전해진다.
⑤ 영혼은 죽지 않고 다시 부활한다고 생각하여 죽은 사람을 미라로 만들었다.

13번 🖉 79쪽을 참고하세요.

Q. 아라를 도와 (가) 지역에서 발견된 유물을 골라 보세요.   답 (   )

①
윈강 석굴

②
호우명 그릇

③
스핑크스

④
진시황릉 병마용

14번 🖉 171쪽을 참고하세요.

Q. 깨비가 어떤 나라의 건국 설화를 소개하고 있습니다. 이 나라와 관련 있는 설명은 무엇일까요?   답 (   )

> 붉은 줄이 하늘로부터 내려와 땅에 드리워졌다. 그 줄의 끝에 붉은 보자기로 싼 금합이 나타났는데 열어 보니 황금 알 여섯 개가 들어있었다. 이튿날 아침 금합을 다시 열자 여섯 개의 알들이 사내아이로 변하였다. 그 가운데 우두머리를 세상에 처음 나타났다 하여 수로라고 이름지었다.

① 고구려에서 옮겨 온 사람들이 한강 유역에 자리 잡고 건국하였다.
② 산악 지역에 위치하여 주변 지역을 정복하며 세력을 키워 나갔다.
③ 질 좋은 철이 많이 생산되어 중국 군현과 왜에 철을 수출하였다.
④ 마가, 우가, 저가, 구가 등 여러 족장들이 각자의 영역을 다스렸다.
⑤ 박씨, 석씨, 김씨가 번갈아 왕위에 올랐기 때문에 왕권이 약하였다.

도전! 역사 퀴즈

15~17번 보기

아라와 누리는 우리나라에 철기가 보급되며 여러 나라가 생겨났음을 배웠습니다. 다음 나라들에 대한 설명을 보고 해당하는 단어를 찾아 써 보세요. (가로, 세로, 대각선으로 찾아보세요.)

누가 먼저 찾나 시합하자!

민	서	옥	제	읍
동	며	책	화	영
맹	로	느	신	고
무	천	마	리	지
변	소	도	진	제

15번 ✏ 115쪽을 참고하세요.

Q. 부여 : 제천 행사이며 12월에 열린다.

답 (   )

16번 ✏ 132쪽을 참고하세요.

Q. 옥저 : 남자의 집에서 장차 며느리가 될 여자아이를 데려다 키우고, 자라면 정식으로 신부로 맞이하는 풍습이다.

답 (   )

17번 ✏️ 154쪽을 참고하세요.

Q. 삼한 : 천군이 다스리는 곳으로, 정치적 족장(군장) 세력이 함부로 영향력을 행사할 수 없는 곳이었다. 이 때문에 죄인이 **이곳**에 숨으면 족장(군장) 세력이 죄인을 함부로 잡아가지 못하였다.

답 (   )

18번 ✏️ 55쪽을 참고하세요.

Q. 누리가 선생님께 질문을 하고 있습니다. 누리의 질문에 대한 선생님의 대답을 뒷받침해 줄 수 있는 유물을 다음에서 모두 골라 보세요.

답 (   )

선생님! 고조선은 환웅과 곰이 변한 여자가 낳은 아들이 세운 거라고요? 그걸 어떻게 믿어요?

물론 그것은 설화이지요. 하지만 여러 가지 유물들을 통해서 고조선이 만주와 한반도 지역에 존재했던 나라라는 것을 짐작할 수 있어요.

①
미송리식 토기

②
빗살무늬 토기

③
고인돌

④
요령식 동검

⑤
세형동검

QR 박물관

스마트폰으로 QR코드를 찍어 보면 해당 기관의 문화재 정보로 연결됩니다!

서울 암사동 유적

▲ 서울 암사동 유적 ⓒ 문화재청

드론 촬영한 생생한 유적지를 만나 보세요!

우리나라의 대표적인 신석기 시대 유적이다. 집터는 둥글거나 모서리를 죽인 네모꼴로 팠으며, 깊이는 70~100cm 정도이다. 집터 내부에서는 빗살무늬 토기를 비롯해 돌도끼, 그물추, 갈판과 갈돌, 돌화살촉, 돌도끼, 긁개 등과 불에 탄 도토리가 발견되었다. 사적 제267호.

• 소재지 : 서울시 강동구 올림픽로 875 (암사동)

창녕 비봉리 패총

▲ 창녕 비봉리 패총 ⓒ 문화재청

창녕 비봉리 패총은 내륙 지방에서 발견된 최초의 신석기 시대 패총 유적이다. 패총은 조개껍질과 생활 쓰레기들이 쌓인 것으로 조개더미 유적이라고도 한다. 우리나라에서 가장 오래된 선사 시대의 배와 망태기, 도토리 저장 시설 등이 출토되었다. 사적 제486호.

• 소재지 : 경남 창녕군 부곡면 비봉리 43번지 일원

강화도 부근리 지석묘

▲ 강화도 부근리 지석묘 ⓒ 문화재청

지석묘란 청동기 시대 사람들이 만든 무덤으로, 고인돌이라고도 한다. 책상처럼 세운 탁자식(북방식)과 큰 돌을 조그만 받침돌로 고이거나 판석만을 놓은 바둑판식(남방식)이 있다. 강화도 부근리 고인돌은 높이 2.6m의 화강암으로 된 고인돌이다. 사적 제137호.

• 소재지 : 인천 강화군 하점면 부근리 317번지

▲ 울주 대곡리 반구대 암각화 ⓒ 문화재청

울주 대곡리 반구대 암각화

울주 대곡리 반구대 암각화는 청동기 시대 유적이다. 높이 4m, 너비 10m의 'ㄱ'자 모양으로 꺾인 절벽 암반에 동물과 물고기, 사냥하는 장면 등 총 200여 점의 그림이 새겨져 있다. 암각화란 선사인들이 자신의 바람을 기원하는 마음으로 커다란 바위 등 성스러운 장소에 새긴 그림을 말한다. 국보 제285호.
• 소재지 : 울산 울주군 언양읍 반구대안길 285 (대곡리)

▲ 화순 대곡리 청동기 일괄 ⓒ 문화재청

화순 대곡리 청동기 일괄

청동기 시대 무덤 유적에서 출토된 세형동검, 청동 방울, 잔무늬 거울, 청동 도끼, 청동 손칼 등이다. 세형동검은 양 끝에 날이 서 있는데, 한국에서 출토되는 동검으로는 시대가 늦은 편이다. 대곡리에서 출토된 청동 유물들은 종류가 다양하고 제작 기법이 뛰어난 유물들이다. 국보 제143호.
• 소장지 : 광주 북구 하서로 110 국립광주박물관

평양 석암리 금제 띠고리

평안남도 대동군 석암리 9호분에서 출토된 길이 9.4cm, 너비 6.4cm의 허리띠를 연결시켜 주는 금제 장식이다. 금실을 이용한 정교한 세공 장식의 수법이 매우 뛰어나며, 용 7마리의 배치도 율동적으로 표현된 뛰어난 삼한 시대의 작품이다. 국보 제89호.
• 소장지 : 서울특별시 용산구 서빙고로 137 국립중앙박물관

▲ 평양 석암리 금제 띠고리 ⓒ 문화재청

* 본책에서 제공하는 사진 자료의 QR코드 서비스는 표시되어 있는 저작권 이용 조건에 따라 사용하실 수 있습니다.

도전! 역사 퀴즈 정답과 해설

1번 답

2번 답

3번 답 ①

4번 답 ①
② 빗살무늬 토기와 ④ 갈돌과 갈판은 신석기 시대의 유물이고, ③ 청동 거울과 ⑤ 고인돌은 청동기 시대의 유물이다.

5번 답 ⑤

빗살무늬 토기를 사용한 시대는 신석기 시대이다. ⑤ 고인돌은 청동기 시대에 만들어졌다.

6번 답 ④

①, ②, ③은 모두 신석기 시대에 체험할 수 있는 내용이다.

7번 답 ①

뗀석기를 사용하던 구석기 시대에서 간석기를 사용하던 신석기 시대로 넘어가면서 나타난 가장 큰 변화는 농경으로, 신석기 혁명이라고 부른다. 사냥은 구석기 시대부터 했고, 청동기 시대부터 계급이 나누어졌다.

8번 답 ②

9번 답 ⑤

환웅 부족과 곰 부족의 결합을 의미한다.

10번 답 (가) 단군(왕검) (나) (고)조선

11번 답 (가) 이집트 문명 (나) 메소포타미아 문명
(다) 인더스(인도) 문명 (라) 중국(황허) 문명

12번 답 ④

①은 메소포타미아 문명, ②와 ③은 인더스(인도) 문명, ⑤는 이집트 문명에 해당하는 설명이다.

도전! 역사 퀴즈 정답과 해설

13번 답 ③

14번 답 ③

수로왕은 가야의 왕으로, 가야는 철기 문화를 바탕으로 성장하였다. ①은 백제, ②는 고구려, ④는 부여, ⑤는 신라에 대한 설명이다.

민	서	옥	제	읍
동	며	책	화	영
맹	로	느	신	고
무	천	마	리	지
변	소	도	진	제

15번 답 영고

16번 답 민며느리제

17번 답 소도

18번 답 ①, ③, ④

고조선과 관련된 문화 범위를 알려 주는 대표적인 유물을 맞히는 문제이다. ② 빗살무늬 토기는 신석기 시대의 유물이고, ⑤ 세형동검은 철기 시대의 유물이다.

자료 제공

사진 출처 30 흥수아이·연합뉴스 41 강화도 부근리 고인돌·문화재청 42 돌낫·국립중앙박물관 44 민무늬 토기·국립중앙박물관 48 조선왕조실록 오대산사고본·문화재청, 고려 청자·문화재청, 서울 암사동 유적·문화재청, 개화기 때 모습·연합뉴스 49 단양 수양개 유적·문화재청, 서울 암사동 유적·문화재청 51 주먹 도끼·문화재청, 빌렌도르프의 비너스·연합뉴스, 라스코 동굴 벽화·연합뉴스, 가락바퀴·국립중앙박물관, 조개껍데기 가면·국립중앙박물관, 스톤헨지·굿이미지 72 청동 거울·문화재청 76 청동 방울·국립중앙박물관, 반달 돌칼·국립중앙박물관, 민무늬 토기·국립중앙박물관, 울주 대곡리 반구대 암각화·문화재청 78 쐐기 문자·유로크레온 79 함무라비 법전이 새겨진 비석·연합뉴스, 사자의 서·유로크레온 90 명도전·국립중앙박물관 110 요령식 동검·국립중앙박물관, 연천 학곡리 고인돌·문화재청 111 반달 모양 쇠칼·국립중앙박물관, 철제 농기구·국립중앙박물관, 독무덤·연합뉴스, 명도전·국립중앙박물관 112 갑골문·연합뉴스 113 진시황릉 병마용·당민증 148 모헨조다로의 인장·유로크레온 149 조몬 토기·유로크레온 151 제천 의림지·문화재청 180 김수로 왕릉·문화재청, 청동 삼환령과 말띠 드리개·국립중앙박물관 181 고령에서 출토된 금관과 장신구 및 부속 금제품·삼성미술관 리움, 바퀴 모양 토기·국립중앙박물관, 기마 인물형 각배·국립중앙박물관, 오리 모양 토기·국립중앙박물관 183 로물루스와 레무스·유로크레온 186 주먹 도끼·문화재청, 빗살무늬 토기·국립중앙박물관, 청동 거울·문화재청, 갈돌과 갈판·국립중앙박물관, 연천 학곡리 고인돌·문화재청 188 주먹 도끼(뗀석기)·국립중앙박물관, 돌도끼(간석기)·국립중앙박물관 191 원강 석굴·당민증, 호우명 그릇·국립중앙박물관, 진시황릉 병마용·당민증 193 빗살무늬 토기·국립중앙박물관, 강화도 부근리 고인돌·문화재청, 요령식 동검·국립중앙박물관, 세형동검·국립중앙박물관 194 서울 암사동 유적·문화재청, 창녕 비봉리 패총·문화재청, 강화도 부근리 지석묘·문화재청 195 울주 대곡리 반구대 암각화·문화재청, 화순 대곡리 청동기 일괄·문화재청, 평양 석암리 금제 띠고리·문화재청 **역사 카드** 주먹 도끼·국립중앙박물관, 빗살무늬 토기·국립중앙박물관, 요령식 동검·국립중앙박물관

이 책에 사용한 모든 자료의 출처를 밝히기 위해 노력하였습니다. 누락되었거나 잘못된 점이 발견되면 바로잡겠습니다.

재미도 지식도 살아 있는 학습만화
LIVE 시리즈

과학 원리가 살아 있는 LIVE 과학
- 최신 과학 원리가 한 권에!
- 통합 교육 과정에 맞춘 교과 연계

• 첨단 과학(전 20권) / 지구 과학(전 10권) / 생명 과학(전 10권) / 기초 물리(전 10권) / 기초 화학(전 10권)
초등 전 학년 | 전 60권 | 각 권 200쪽 | 정가 각 13,000원

역사의 흐름이 살아 있는 LIVE 세계사
- 전문가와 함께 기획한 구성
- 각 나라의 대표 인물을 통해 배우는 생생한 역사

• 초등 전 학년 | 전 20권 | 각 권 200쪽 | 정가 각 13,000원

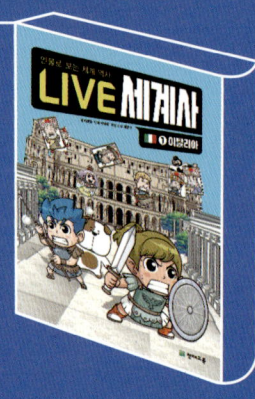

지식과 인물이 살아 있는 LIVE 한국사
- 시대별 인물을 통해 배우는 생생한 역사
- 한국사 능력 시험 직접 연계

• 초등 전 학년 | 전 20권 | 각 권 200쪽 | 정가 각 13,000원

재미를 더해 주는
멀티미디어 학습까지
한번에 즐겨요!